ACTIVA TUS EMOCIONES POSITIVAS

Cómo entenderlas e incluirlas a la vida y a la psicoterapia

MARTÍN BERASAIN

HOJAS DEL SUR
Buenos Aires
www.hojasdelsur.com

Activa tus emociones positivas
Martín Berasain

1a edición

Editorial Hojas del Sur S.A.
Albarellos 3016
Buenos Aires, C1419FSU, Argentina
e-mail: info@hojasdelsur.com
www.hojasdelsur.com

ISBN 978-987-1882-92-2

Dirección editorial: Andrés Mego
Diseño de portada e interior: AADG Studio

Berasain, Martín Ignacio
Activa tus emociones positivas - 1a ed. - Ciudad Autónoma de Buenos Aires : Hojas del Sur, 2018.
160 p. ; 15 x 23 cm.
ISBN 978-987-1882-92-2
1. Autoayuda. I. Título.
CDD 158.1

Índice

Palabras preliminares

Luego de haber atendido durante quince años a pacientes mediante la psicoterapia, y de leer material variado de psicología, confirmé lo que ciertos autores han referido. Se habla desproporcionadamente más sobre los aspectos negativos y traumáticos en psicología que sobre las partes saludables y los recursos para el bienestar. Es habitual considerar que los fundamentos del ser humano son deseos y gozos negativos, pasiones egoístas y causas oscuras contrarias al bienestar, como si eso entrañara una verdad más profunda, un núcleo de negatividad esencial.

Esa perspectiva relega las fortalezas y virtudes individuales para prosperar y crecer, y supone mayor rigor a la mirada retrospectiva sobre el pasado, descuidando la dimensión del presente como un tiempo único e irrepetible, donde se expresan los recursos de la persona para vivirlo y construir el futuro.

Estas observaciones se imponían y advertí que efectivamente se enfatizan los sesgos negativos al reflexionar y hacer foco en la angustia, la ansiedad o el miedo, más que en sentimientos y emociones que conllevan agrado y placer y encausan la superación. No me refiero al placer sensorial extremo ni a la adherencia del adicto a las sustancias, sino a sentimientos y emociones normales, que tienen un signo diferencial, como trataré de explicar.

Lo que se experimenta en los tratamientos —y antes de ellos—, ocurre ya en la mente individual, cuando la atención cae enfáticamente en los motivos de preocupación y sufrimiento, y la realidad del sufrimiento omite la existencia de las sensaciones de agrado o los estados anímicos placenteros como causas de salud precisas. Esta tendencia que arraiga en el individuo se plasma también en la psicología académica toda vez que desconoce o niega una parte del funcionamiento psicológico y de los estados afectivos de agrado, profundizándolos como causas de bienestar.

Cuando me retrotraje a mi época de estudiante confirmé que, al asistir cientos de horas a la Facultad de Psicología, no recuerdo un solo módulo de una materia, una charla o una clase referidos a las emociones positivas. Fenómeno extraño, si consideramos que la alegría, la valentía, la curiosidad y otras que mostraré en estas páginas, existen y son elementos muy humanos que habitan los estados psicológicos.

Las emociones positivas han sido un olvido constante de las terapias antiguas, cuando confundían realidad con trauma, con negatividad y con pesimismo angustioso. Por si fuera poco, las emociones positivas se involucran con la superación del ser humano y con las partes más entusiastas y pujantes de los pacientes. En síntesis, con la salud.

Si las sospechamos emparentadas a la salud y el bienestar, ¿por qué se ha escrito y se habla menos de las emociones positivas que de las tendencias negativas y traumáticas de los pacientes, de los pensamientos negativos, de las acciones indeseables u otras tendencias que se repiten? ¿Se sabe cuáles son estas emociones? ¿Qué función cumplen?

Una mirada de superación no debe llevarnos a pensar falsamente que los afectos positivos y las emociones placenteras quitan todo el sufrimiento o resuelven mágicamente las enfermedades mentales.

Al hambre, a las guerras, a la enfermedad y a las injusticias sociales tampoco. Confundir la realidad de estos hechos con la actitud interna con que los enfrentamos es un error llamado "psicologizar la realidad". Esa equivocación puede desviar el foco y la acción de la resolución de problemas.

Otra advertencia antes de leer el libro: no debemos caer en ciertas distorsiones cognitivas. Identificar una emoción con la persona es un error. Decir: "Juan es alegre, miedoso, etc.", es identificar la emoción con la persona. Ese error cognitivo se llama rotulación o etiquetado.

Las personas tenemos la potencialidad para el repertorio de las distintas emociones y está para ser desarrollado. Un esquimal expresa la ternura, el odio y la alegría como también se reflejará corporalmente y en su rostro la tristeza o la angustia.

El pensamiento dicotómico es otra distorsión, que consiste —en este caso— en polarizar las emociones. Hay emociones positivas y negativas. Destaco en estas páginas las que aumentan la sensación de agrado. Cada activación emocional cumple su papel para el pleno funcionamiento de la persona. No sugiero que unas sean mejores que otras ni que deban prevalecer todo el tiempo.

Cuando se conversa con un profesional o con estudiantes, suele decirse que las emociones positivas no existen. La mitad de los profesionales sostendrá esta afirmación agnósticamente, y hará su veredicto sin especificar a cuáles de ellas nos referimos y para qué sirven.

Quienes en cambio conceden que estas emociones existen, harán un gesto concesivo, pero no citarán las pocas referencias que hay sobre estas emociones ni sus características y funciones. Esto también lo he notado al hablar con pacientes. Mientras que nadie dudará que el miedo, la ansiedad, la angustia o la ira son emociones, y conocerá las funciones que cumplen, sobre emociones positivas se opina con criterios diversos y los argumentos varían al describir la función de cada una de ellas.

Estas páginas tienen el antecedente de la doctora Barbara Fredrickson, pionera en el conocimiento de las emociones positivas, y del doctor Enrique Fernández Abascal, a quienes cito y sugiero su lectura. Ambos han estudiado y reflexionado sobre las emociones positivas.

Entonces, ¿qué lugar le corresponde a las emociones positivas en el cuadro de la salud mental y en el funcionamiento, no menos complejo y sutil de la mente? ¿Existen las emociones positivas?, ¿qué funciones cumplen?, ¿por qué tiende a omitírselas?, ¿influyen en la salud y en el bienestar?

Para unos "las emociones positivas: no existen". A otros les parecen una obviedad que cae de madura.

¿Qué y cuáles son? ¿Para qué sirven? ¿Cómo activarlas?

Introducción

La alegría, la calma y el entusiasmo, el vigor, la capacidad de festejar y agradecer, el coraje para enfrentar los obstáculos y la aceptación de lo inmodificable. Las emociones positivas son componentes psicológicos necesarios para la salud y el bienestar. Difícil ignorar las conductas y pensamientos que predisponen y las consecuencias que traen en términos de salud y bienestar. Sin embargo, enfocamos desmesuradamente los errores y los aspectos negativos, así como las conductas y estados disfuncionales de la persona. La actitud crítica, por ejemplo, arrastra la atención hacia lo que causa sufrimiento psicológico. La mente atrapada en los errores y causas de malestar, atiende enfáticamente a ellos quitando serenidad y calma.

En psicología y en ciencias sociales se habla y se ha estudiado más sobre el miedo, la ira, el odio, la angustia, el pesimismo y la depresión que sobre la valentía, el impulso vital, la compasión, la empatía, la serenidad, la esperanza, la alegría y el humor, por introducir estos primeros elementos. Se habla del asco como una emocionalidad básica ya presente en el niño, mientras se menciona escasamente la aceptación y sus manifestaciones originales. Una y otra —el asco y la aceptación— tienen funciones distintas desde lo afectivo y se sienten como estados distintos.

En estas páginas concuerdo con el valor ya otorgado a las partes neuróticas y a los trastornos de salud mental, tanto como el malestar y el sufrimiento. Además del conocimiento exhaustivo que proporcionan las psicoterapias sobre los síntomas y el malestar que provocan, adhiero a la perspectiva trazada por la Psicología Positiva, cimentada en aportes de prestigiosos psicólogos como Martin Seligman, Sonja Lyubomirsky, Barbara Fredrickson y otros. Para esta perspectiva la resolución de conflictos y la superación del ser humano no deben descuidar las virtudes y fortalezas personales, las partes positivas y los recursos para promover estados anímicos y facultades que hacen a la mejoría y al bienestar.

Nuestros logros y gozos dependen directa e indirectamente de vivencias placenteras, y de cómo las valoramos. Aumentar el bienestar y mejorar los estados de ánimo también varía con el valor otorgado y con la actitud interna. Un paciente adicto, por ejemplo, pone en peligro su felicidad buscando sensaciones intensas, al descuidar el contexto o sus vínculos valiosos o relegando la importancia de estos últimos influido por las sensaciones de placer momentáneo. Compromete un bienestar a más largo plazo buscando sensaciones ahora. Esta pérdida de perspectiva puede observarse en el paciente obeso e hiperobeso cuando sucumbe a conductas de atracón. El tabaquista también entrega a plazos su vida por momentos de gratificación. El tabaco es una droga quizás más tramposa, ya que la sustancia se distribuye en micro-dosis durante el transcurso del día, pasando inadvertida la variación que promueve en el estado de ánimo.

Quien acepta que **las emociones positivas existen** confirma automáticamente su importancia. ¡Claro que amplifican el bienestar y disminuyen el malestar! Estar y sentirse bien es tan fundamental como promover vivencias de agrado y disfrute. Es un mecanismo común evitar el sufrimiento ahora o tratar de contrarrestarlo, tanto como enfocarnos en las partes negativas. También es espontáneo sobrevalorar los placeres intensos e inmediatos, y estos no favorecen necesariamente la salud ni el bienestar. Un placer intenso ahora se siente más real que un placer por venir, por el que hay que esperar. *Vale más un pájaro en mano que cien volando.*

Toda búsqueda de satisfacción depende de los pensamientos y razones, de los argumentos y valores, de los recursos de la persona y de cómo influyen en su contexto. La moderna terapia cognitiva declara que los pensamientos y la organización de creencias e ideas influyen en la respuesta emocional así como en las conductas y estados del ánimo. De modo que hay una relación interna entre lo cognitivo y la activación emocional y conductual.

Cuando un paciente sufre, ha disminuido su capacidad de disfrutar, su ímpetu, la esperanza, la disposición vigorosa, la templanza. Lo psicológico causa malestar cuando acentúa o condiciona negativamente. Pacientes con depresión, ataques de pánico, fobia social, ansiedad generalizada, compulsión alimentaria, obesidad sostenida por conductas de atracón, estados de ira y frustración, tienen esquemas de pensamientos y sesgos cognitivos que al activarse soportan y aumentan los estados emocionales y conductas disfuncionales.

Los estados anímicos placenteros impulsan bienestar, haciendo que este crezca y se amplifique. Las emociones positivas, además de ser efectos de la salud, pueden promoverla y funcionar como causas de la misma, solidarias de los tratamientos psicológicos. En este sentido se expresa la doctora Fredrickson a partir de la teoría de la Ampliación-Construcción de las emociones. La mirada está puesta no sólo en lo disfuncional, sino en los recursos y valores de la persona dentro de su contexto.

Producir y disfrutar las emociones positivas influye en el ánimo distendido y gozoso, amplía el repertorio de acciones y recursos, hace la vida más llevadera e interesante, nos vuelve más creativos y conectados. ¿Por qué entonces se habla tan poco de estas emociones? Su integración resulta del aporte de la moderna psicología positiva (PP), a partir de los estudios sistemáticos del doctor Martin Seligman y de figuras relevantes en el campo de la psicología, como Victor Frankl, Erich Fromm y autores que aportaron al área de la psicología focalizada en los recursos salugénicos y potencialidades. El enfoque positivo integra intencionalmente los recursos de la persona en su contexto. En esta perspectiva se dimensionan las emociones positivas por sus funciones y afectividad placentera.

Como psicólogo, observé la modificación de estados anímicos y de sufrimiento causados por circunstancias múltiples y por estilos de pensar, sentir y actuar. Constaté que la superación de cuadros de la salud mental y la realización personal, dependen de los pensamientos, emociones, sentimientos, acciones y circunstancias que los facilitan o impiden. El bienestar psicológico, a su vez, está mediado por la interacción entre la persona y el entorno. En el contexto se plasman las tendencias internas. De la interacción dinámica entre lo interno y los elementos del entorno surgen resultados y estados presentes.

Se han destacado y estudiado en profundidad los aspectos más sufrientes del ser humano, relegando las fortalezas del carácter, las emociones positivas, las relaciones sanas, los recursos de las personas, el sentido y el propósito... valores que, en conjunto, hacen a la superación y al bienestar.

Se observan demasiado los eventos negativos y trágicos, casi hasta lo interminable. La crítica, la condena y el despertar de la angustia son acentuados repetidamente. La mente enfoca en ellos con sesgo de importancia y le otorga fácilmente un valor de conocimiento riguroso y preciso. Es más espontáneo enfocarse en las dificultades y peligros que en los objetivos y propósitos. Los primeros señalan riesgo, sufrimiento inminente, derrota, traición, incertidumbre, pérdida, frustración, malestar. La atención es convocada fácilmente. Como la sangre fluye a la herida, así va la atención al sufrimiento. Esto tiene su lógica: resolver problemas y conflictos asegura la vida y el porvenir desde épocas ancestrales. La atención se dispone intensamente a los sucesos que atemorizan, angustian, preocupan, entristecen, llenan de cólera, temor o celos. Nos pellizcan desde adentro para movilizarnos y accionar, para asegurar la supervivencia. También es cierto que una atención excesiva hacia lo negativo y dis-placentero entorpece el bienestar psicológico y la transformación.

Entonces, ¿qué pasa con el análisis de los aspectos más óptimos de la *psique* y de los estados anímicos no conflictivos? ¿Se los considera también elementos de la psicología profunda? En este marco, ¿hay emociones placenteras? ¿Para qué sirven? ¿Su tono hedónico placentero[1] sirve a la función de provocar bienestar, mejores vínculos y ampliar la salud? ¿Llegan a resonar en nuestras mentes e influir en la autoestima?

Del miedo paralizante de las fobias sabemos por sus consecuencias en las actitudes y conductas, pero conocemos muy poco de la emoción contraria: el coraje. De la angustia y la tristeza que aumenta la desesperanza y el desánimo del paciente depresivo, se sabe y se exploran sus causas y consecuencias, mientras que de la curiosidad y del asombro, así como de la compasión amorosa y de la alegría, se espera que ocurran espontáneamente con la mejoría

1. En lo sucesivo cuando me refiera a "tono hedónico positivo" estaré refiriendo a sensaciones de agrado o placer, característico de las emociones positivas.

del cuadro. Se las desea sin ninguna intervención estratégica, al no formar parte de las causas de bienestar, ni de los recursos para contrarrestar el sufrimiento.

Se ha extendido la idea de que quitar el dolor y el malestar permite el gozo y la alegría; como al controlar las malezas prospera el cultivo. Sacar del paso la negatividad y regular las emociones perturbadas favorece la salud. La mirada convencional es correcta, pero no explica ni insinúa siquiera que potenciar lo positivo puede atenuar el sufrimiento mental y expandir las posibilidades de bienestar.

Si llevamos este concepto al ejemplo de una fobia (un miedo irracional e invalidante), en general se trata de enfrentar el miedo cognitiva y conductualmente. Se enfocan las causas cognitivas ancladas en la persona, que han enervado aquellos miedos y la angustia. Este enfoque no incluye estratégicamente fomentar el coraje y la actitud desafiante, la actitud exploratoria y curiosa para ir más allá de los límites autoimpuestos, para enfrentar las situaciones de temor y ampliar el repertorio de respuestas. Son dos caras de la misma moneda, la actitud y los pensamientos del miedo y los de coraje y tenacidad. Además de enfrentar el miedo fóbico, tal como la psicoterapia efectiva viene haciendo excelentemente bien, se puede estimular a la persona en actitudes positivas como el coraje, el valor, la compasión, la curiosidad, la integración deliberada de los recursos para que se expandan dentro de la mente e influyan junto al tratamiento en la superación del cuadro.

Las emociones placenteras han sido dejadas de lado por las psicoterapias al centrarse y hablar exclusivamente del pasado de los pacientes, descuidando el presente y la responsabilidad creativa de la persona. Más aún, considerando la tendencia de la mente a centrar y focalizarse enfáticamente en lo negativo.

Las terapias de antaño se focalizaban con desparejo énfasis más en la infancia que en los aspectos actuales y expectativas personales sobre el futuro. Las terapias actuales, en cambio, tienden a situar a la persona en el presente y en el contexto así como en los recursos y fortalezas. Se apoyan intencionalmente en la comprobación científica, en datos medibles sobre los resultados y aseveraciones. Se complementan con los conocimientos de las neurociencias.

Activa tus emociones positivas nos interroga si las emociones positivas son simples complementos de bienestar o también son promotoras de salud mental. En el capítulo 1 explicaré con la mayor sencillez posible qué función cumplen las emociones positivas dentro de la salud psicológica. En el capítulo 2 compartiré mis reflexiones sobre las principales emociones positivas y las funciones que cumplen en la salud personal y en los vínculos. En el capítulo 3 propondré una serie de ejercicios para visualizarlas, potenciar su distinción y emergencia, así como la salud y el bienestar.

¿La ternura es una emoción primaria? ¿La excitación erótica es también emoción? ¿Qué pasa con la alegría o la compasión? ¿El coraje es opuesto al miedo? ¿El énfasis o ahínco han sido vistos? ¿Alguien meditó sobre la calma y la serenidad? ¿El orgullo que potencia la asertividad es igual a soberbia? ¿La curiosidad se ha esfumado? ¿Y el asombro...?

CAPÍTULO 1

Las emociones en psicología

El presente en psicoterapia

Un antecedente fundamental de las psicoterapias fue Sigmund Freud, padre fundador del psicoanálisis. El influyente médico vienés formalizó un modelo de la mente e interpretó la existencia del inconsciente y de pulsiones e ideas subyacentes respecto a los pensamientos y a las conductas. Su modelo indica que el inconsciente determina las conductas y sentimientos humanos, tanto como los síntomas y sufrimientos.

Según el edificio teórico freudiano, se entiende que las personas están determinadas por el inconsciente; siendo éste artífice de los síntomas neuróticos. Se expresa en actos fallidos, lapsus, chistes, sueños, olvidos y equivocaciones del habla y de los actos. Estas tendencias de la mente inconsciente se manifiestan en esos fenómenos y en los síntomas de manera críptica y transfigurada en el plano de la conciencia.

Esa concepción ha influido en el tratamiento de los padecimientos mentales así como en otras áreas: cine, arte, literatura. Se trató de una corriente influyente durante el siglo XX en países europeos y en América. Estuvo en el origen de las psicoterapias y tratamientos de la salud mental en el mundo occidental. Actualmente ocupa su lugar como una escuela de psicoterapia junto a otras que abordan los síntomas y psicopatologías.

Sus construcciones e ideas han motivado debates entre los profesionales e intelectuales, creando conversaciones de acuerdo y disenso. En la actualidad resulta ser una teoría y una práctica de psicoterapia que convive con otras.

Abarcar las distintas orientaciones y el panorama de la psicoterapia es una tarea tan amplia y compleja, que requiere estudios múltiples y excede estas páginas. Pueden encontrarse escuelas de psicoterapia como la Gestalt, la psicología conductual, la psicodinámica, el psicodrama, las psicologías transpersonal, transaccional, sistémica, cognitiva, narrativa, constructivista, construccionista social, breve, focalizada, centrada en la persona, positiva, existencial, entre otras. Cada una hace su aporte al conocimiento de la psicología humana y a los determinantes de la conducta y de las motivaciones psíquicas. Esa multiplicidad de enfoques se debe a la complejidad y riqueza de lo psicológico y a que no existe una explicación rotunda ni hegemónica que abarque todo. En cuyo caso, los relatos y conversaciones entre las distintas perspectivas se aproximan desde miradas distintas a la riqueza de lo humano y, dentro de esto, de lo mental.

La integración en psicoterapia incorpora lo valioso de cada una. El profesional requiere una actitud ecléctica y apertura para valorar los distintos aportes.

La psicoterapia se produce en el encuentro entre el profesional y quien concurre a la consulta para solucionar un padecimiento de orden mental. Los estados disfuncionales del ánimo, las actitudes, los comportamientos y relaciones, las respuestas emocionales y los pensamientos perturbadores son materia para los distintos tratamientos.

Los conocimientos de la psicología, a su vez, reciben aportes de otras disciplinas: neurociencias, psico-neuro-inmuno-endocrinología, medicina, psicología evolutiva, psicofarmacología, nutrición clínica, sociología, antropología, y otras fuentes que se integran a la comprensión psicológica.

Como psicólogo adhiero a la perspectiva de la psicología cognitiva, ya que los pensamientos y la organización cognitiva de creencias, pensamiento, razonamiento, percepciones, memoria e imaginación influyen en los comportamientos, así como en los estados anímicos y emocionales. El pensamiento, la respuesta emocional y la conducta se retroalimentan entre sí e interactúan con el medio.

La terapia cognitiva para la depresión y para los trastornos de ansiedad ha sido un avance reconocido mundialmente para los tratamientos psicológicos. Sus pioneros más reconocidos, Aaron Beck y Albert Ellis, enfatizaron la influencia de los pensamientos disfuncionales y creencias irracionales como causa de los estados anímicos perturbados y de las conductas disfuncionales.

Es interesante pensar en psicoterapia en términos de problema a resolver y de objetivos que la persona junto al profesional definen para tratar. Los temas frecuentes de consulta son depresión, estados anímicos distímicos, ansiedad, ataque de pánico, agorafobia, fobia social, fobias específicas, obsesiones, desórdenes alimentarios, trastornos por atracón y obesidad, dependencia adictiva a sustancias, problemas de pareja y disfunciones sexuales, diversos trastornos de la personalidad, entre otros. También, la mejora de asertividad, las habilidades sociales, el control de los impulsos y la regulación emocional.

Comparto la importancia de la brevedad en psicoterapia, siempre que esto sea posible y no altere la resolución de los síntomas y padecimientos. Por ejemplo, en el tratamiento de las fobias, cuyos miedos excesivos y perturbadores disminuyen la calidad de vida, las técnicas de exposición interoceptiva y gradual en vivo resultan efectivas para tratarlos.

Muchos pacientes prefieren hablar del contexto presente, dando distinta importancia a sucesos anteriores y a las representaciones retrospectivas.

En *Terapia cognitiva de la depresión*[2] Beck indica que los esquemas de pensamiento y distorsiones cognitivas en el depresivo sesgan negativamente las ideas sobre sí mismo, sobre la realidad y sobre el futuro, y realimentan el ánimo depresivo como los estilos conductuales e interactivos que lo desmoronan.

Las condiciones y eventos anteriores permiten entender los motivos y estilos psicológicos, cómo la persona organiza la información y los datos de la realidad, sesgando negativamente sus pensamientos. Mientras que la mirada retrospectiva no sea excesiva y haga perder perspectivas sobre el entorno actual de la persona, ni sobre las conductas y pensamientos, se integra al enfoque integral de psicoterapia. Queda sobrevalorado *el pasado* cuando se prioriza y quita atención y perspectiva al presente, a la actualidad de la persona, a los recursos para afrontar el presente y a la coherencia personal en valores personales.

Aumentar los recursos y fortalezas ha sido la consigna de inicio de la psicología positiva. Para esta perspectiva potenciar *lo positivo* tiene, a su vez, incidencia sobre los síntomas y sobre la patología.

La perspectiva actual en salud mental destaca la interacción dialógica y comunicativa entre el profesional y el paciente, el valor de la conciencia, la responsabilidad creativa, la voluntad, la intención, la coherencia personal, el contexto relacional y los valores como potenciales transformadores.

---

2. Beck, Aaron, *Cognitive Therapy of Depression*, The Guilford Press, Nueva York, 1983.

¿Qué es la psicología positiva?

La psicología positiva resalta e impulsa temas como el bienestar psicológico, el optimismo, la capacidad de perdonar, la gratitud, el fluir, la resiliencia y la creatividad, los valores personales, la perseverancia, la integridad y propósitos, la perspectiva, la curiosidad, el amor por el conocimiento y la sabiduría, la autorregulación, el humor, la esperanza, la inteligencia social y las conductas prosociales, entre otros. Esta mirada no se opone a otras, sino que amplía los recursos terapéuticos, ensanchando los fenómenos psicológicos para explorar e intervenir.

> Seligman, Raschid y Parks (2006) crearon la psicoterapia de Psicología Positiva (PPT o Positive Psychology Therapy), una aplicación de la Psicología Positiva originalmente desarrollada para aliviar la depresión. Su premisa principal es que la depresión se puede tratar de manera efectiva no solo al reducir los síntomas negativos, sino primordialmente al fortalecer de manera directa las emociones positivas, las fortalezas de carácter y el significado en la vida de los pacientes[3].

El psicólogo argentino Alejandro Castro Solano expresa:

> En el siglo XX, la psicología se ha ocupado, fundamentalmente, de estudiar temas ligados a las carencias humanas y su posible reparación; la depresión, los trastornos psicopatológicos, el estrés, la ansiedad, las adicciones, el suicidio y los trastornos de

3. Tarragona Sáez, Margarita, "Psicología positiva y psicoterapia" (cap. 7), en Alejandro Castro Solano (comp.), *Fundamentos de Psicología Positiva*, Paidós, Buenos Aires, 2010, pág. 186.

alimentación, entre otros, han sido los temas privilegiados por las investigaciones de los psicólogos[4].

Concuerdo con la perspectiva que integra el estudio de las cualidades y fortalezas psicológicas, como recursos para la superación de los trastornos mentales, consolidando además las partes sólidas y fortalezas de las personas para prevenir recaídas y atenuar el malestar.

Destacar en un paciente depresivo o ansioso fortalezas y recursos a desarrollar, permite una mirada superadora de sí mismo y de sus posibilidades, e impide enfocarse únicamente en los déficits y falencias. Al fortalecer los aspectos sanos y recursos potenciales se cuenta con más herramientas para restablecer y alcanzar la salud.

Este nuevo enfoque propuesto por autores como Martin Seligman, Barbara Fredrickson, Sonia Lyubomirsky y Mihaly Csikszentmihalyi complementa las perspectivas anteriores, al integrar el estudio de las fortalezas y recursos para superar los problemas y déficits en el terreno de la salud mental y apuntar al crecimiento personal.

Se observarán en el paciente depresivo sus capacidades y fortalezas, el sentido que tienen sus acciones y propósitos, los estados anímicos favorables que se pueden provocar o acentuar mediante actividades específicas, junto a la reestructuración y cambio de pensamientos distorsionados y demandas irracionales. También se observa el pensar rumiativo para atenuarlo con ejercicios y prácticas específicas. Las rumiaciones mentales se han visto involucradas en patologías graves y crónicas como estados depresivos, ataques de pánico o ansiedad crónica.

---

4. Castro Solano, ibídem, pág. 17.

Un paciente en un pozo depresivo puede estar días sin levantarse de la cama, sin cumplir con funciones básicas como la comida y el aseo. La persona en ese estado recrea, una y otra vez, ideas y pensamientos negativos, derrotistas y potenciadores del cuadro. Los pensamientos recursivos o repetitivos de sesgo negativo desaniman aún más a la persona y la hunden en su estado. Cuando alguien está bajo su dominio, en forma de recuerdos, fantasías e ideas negativas repetitivas, su estado se vuelve más grave y crónico.

Los pensamientos derrotistas condicionan la organización de la información y la percepción, paralizan las acciones y limitan la interacción con el entorno.

La psicología positiva ensancha la mirada y los recursos para superar los problemas y para el tratamiento de salud mental. De entrada, tiene una orientación integral, incluyendo las fortalezas y recursos para la recuperación y solución creativa de los problemas y trastornos emocionales.

Cada vez se aceptan más reflexiones y conceptos que ha propuesto enfáticamente la psicología positiva. Esta se mezclará con más frecuencia con los distintos enfoques, haciendo que los tratamientos para la salud mental se enriquezcan y sean más efectivos.

Es un marco interesante para enfatizar que **las emociones positivas existen**. Este grupo de emociones merece una consideración especial y activarlas, en lo posible.

Pensamiento, emoción y conducta

La psicología cognitiva enfatiza que el *pensamiento, la emoción y la conducta se influyen recíprocamente.* Y que los pensamientos (cogniciones) influyen en la percepción, en las conductas y estados de ánimo. Estos tres elementos se presentan de manera conjunta; no por ello menos específica.

Toda activación o respuesta conductual-emocional implica una activación conjunta de emoción, pensamiento y conducta.

La intensidad de las emociones tiñe los razonamientos y la percepción, sesga los recuerdos y la memoria, así como las perspectivas sobre el futuro y el estado presente del ánimo. Alguien en estado de cólera acentúa y enfoca fácilmente las malas intenciones del prójimo, percibirá acentuará actitudes y gestos que confirman y realimentan su enojo. La atención se fijará como una lupa sobre las evidencias que justifican la ira, y apoyará los argumentos del momento. Quien está triste se enfoca repetidamente en sucesos lamentables, llenos de dolor y angustia. Su memoria de imágenes y frases pesimistas realimentan el estado anímico hasta el extremo de la depresión. Otra persona se encuentra preocupada y ansiosa por el futuro y su atención es convocada por sucesos que despiertan incertidumbre y peligro. La ansiedad se difundirá sobre el ánimo y mantendrá la atención cautiva y en alerta, quitando paz y alegría.

Los pensamientos influyen en la emoción presente, en la intensidad y duración. Y la memoria, los argumentos y las expectativas que tenemos sobre los eventos lo hacen sobre la reacción y el estado interno. La psicología cognitiva enfatiza que reestructurar los pensamientos y creencias disfuncionales modifica las respuestas emocionales. Resalta la influencia del pensamiento y de las creencias irracionales sobre la depresión, sobre los trastornos de ansiedad y fobias. Al reestructurar los pensamientos sesgados mediante el tratamiento cognitivo y la terapia racional emotiva conductual, se comprobó la influencia de las ideas y creencias irracionales sobre los trastornos psico-emocionales.

Los criterios, ideas y razonamientos distorsionados condicionan la percepción de los hechos y la intensidad de la conducta. Una persona depresiva tiene una perspectiva pesimista y creencias pesimistas sobre sí misma, sobre los sucesos y sobre el futuro. Mientras persista en razonamientos e ideas pesimistas, predominarán en su ánimo estados de tristeza profunda y actitudes que la sostienen.

La emoción activada influye sobre la conducta presente. El padre se lanzará sin dudar, contra un perro que ha atacado a su hijo; y el explorador huirá de sopetón ante la manada de elefantes furibundos.

La conducta en curso y los resultados obtenidos, a su vez, condicionarán el pensamiento y la emoción. Si una persona huyó o evitó en reiteradas ocasiones diversas situaciones de peligro, se forma una idea exagerada de la peligrosidad del objeto o situación temida y una idea de sí misma de escasos recursos para enfrentarlos. Ambas percepciones se ven distorsionadas y condicionadas desde lo psicológico.

La expectativa sobre los resultados de una conducta y sobre lo que percibo también orienta los pensamientos y estados anímicos. Si lo que estoy haciendo tiene valor positivo para mí, me sentiré animado ante el empeño. Si percibo, por ejemplo, que las emociones positivas existen, enfocaré en ellas con más frecuencia y las integraré como un elemento valioso de mis pensamientos.

Las emociones influyen en la conducta y en el pensamiento. Nos mueven hacia repertorios de conductas y estados anímicos. Venimos sabiendo esto respecto al miedo que nos lleva a huir, a la tristeza que se difunde y arrastra en el ánimo, a la ira que se potencia en la lucha y agresión.

El color de las emociones

Las emociones mueven. Cuando recordamos a un ser querido, más si el dolor es reciente, brotan las lágrimas y recrudece el sufrimiento. Esto no justifica la depresión: la tristeza es solo una parte, pero no alcanza con ella para desplegar un cuadro depresivo.

En el deporte, la emoción afecta el rendimiento. Los competidores entrenan la motivación y la concentración, para que no decaiga. En las parejas, las emociones negativas junto a las placenteras y amorosas, auspician los sentimientos y las interacciones.

Las emociones son una fuerza que mueve el ánimo, empuja los actos e impregna los pensamientos. Imaginemos que en una jarra vidriada y llena con agua se vierten constantemente témperas de distintos colores y éstos dan su tonalidad al agua. La metáfora del recipiente de agua cristalina ejemplifica esta influencia. Así resulta que en cada momento el líquido adopta un tono y se funde con ella, del mismo modo en que los pensamientos varían de acuerdo con el "tono" de las emociones.

La mayoría de nuestros pensamientos y razones, así como las imágenes y recuerdos, influyen en la emoción presente, la cual, a su vez, tiene influencia en la percepción, en la capacidad de razonar y de actuar. Para entender el efecto de las emociones sobre el pensamiento prosigo con el ejemplo de la jarra. La jarra en estado puro contiene agua cristalina. El agua pura equivale al pensamiento no contaminado por afectos ni sentimientos, tal como se daría idealmente. Sin embargo, esto no acostumbra a manifestarse así, ya que el pensamiento y nuestra percepción son influidos constantemente por estímulos internos y externos, e impregnados por la tonalidad de las emociones.

Si se vierte un chorro de azul el líquido se vuelve azulado y predomina. Al extinguirse la intensidad, el agua vuelve a la transparencia. También puede recrudecer hacia el azul oscuro, o mezclarse con otros colores, variando de lo intenso a lo sutil. Los colores pueden cambiar hacia la transparencia e intensidad, o hacia la variedad. De la misma forma, la gama de emociones impregna los pensamientos, y éstos influyen sobre los actos.

En nuestro ejemplo el agua cristalina sería un estado puro del pensamiento racional, de ideas no influidas por estímulos. Los colores representan la presencia de las emociones, y cómo éstas modifican e impregnan las percepciones, los criterios y juicios sobre la realidad.

Las emociones impulsan a huir o a prevenirse ante el peligro, a entristecer por una pérdida, a enojarse y luchar por una agresión. ¿Qué pasa cuando se reacciona con intensidad desmesurada y la ira duplica la injuria del ofensor y se ofende o lastima con furia en medida mayor? ¿Qué pasa cuando el miedo es tan intenso y persistente que inhibe o lleva a conductas de evitación fóbica? ¿Qué sucede cuando la tristeza gobierna el ánimo y lleva a través del pesimismo y la percepción lúgubre a la depresión?

Las emociones mueven desde adentro, impregnan de sentido e intensidad las acciones y los argumentos, la visión, los sesgos atencionales, la memoria, la imaginación. Las emociones influyen en las posturas y se expresan en los órganos. Cuando se esperan hechos trágicos y predomina la ansiedad, el cuerpo y la mente se tensan como si lo negativo y peligroso fuera inminente. En estados de ansiedad y angustia es frecuente que la persona sienta aceleración del ritmo cardíaco y la respiración, opresión de cabeza, dolor de estómago u otras manifestaciones físicas.

En su libro *La expresión de las emociones,* Darwin explicó que cada expresión emocional tiene valor adaptativo para la supervivencia del individuo y de la especie. Cada emoción responde a estímulos precisos y tiene expresiones precisas. El sentimiento de compasión surge ante la percepción del sufrimiento de otro, al sintonizar con su dolor y desear que no ocurra. En la compasión existe un deseo de que el sufrimiento cese o disminuya.

Qué decir de la atracción sexual y del impulso que lleva a los encuentros amorosos. En el hombre, la sexualidad se ha moldeado y se estimula con fantasías senso-eróticas; motiva al erotismo y al placer de las relaciones. El beso, las palabras de cortejo, los bailes, los aromas, la trama de novelas románticas, las esculturas y el cine, fomentan la capacidad de fantasear e imaginar la sensualidad. El atractivo causa deseo erótico y estimula el amor. Los sentimientos se potencian por fantasías e imaginaciones.

La emoción nos vuelve solidarios, confiados, divertidos, presas de angustia, de ansiedad, de resentimiento. Sentimos celos y la idea de ser valiosos y dignos por nuestros logros. Nos agitan las banderías, y la sensación de pertenencia e identidad nos gira el ánimo hacia la alegría y el humor. El enojo que se apropia de la voluntad lleva a la agresión y al resentimiento. El desprecio y la repugnancia por el prójimo también tienen su empuje desde lo emotivo irracional, tanto como la aceptación y la filiación.

Las emociones promueven reacciones y conductas específicas e influyen en los pensamientos y en la percepción de la realidad. Cuando el miedo apresa y nos petrifica, miramos los peligros a través de su influencia, consideramos el riesgo ampliado y nos preparamos para huir o evitar la situación temida. Esto pasa en las fobias. Sus miedos paralizan e irradian sobre las actitudes. Son miedos irracionales y exagerados a objetos y situaciones que quitan bienestar y seguridad.

La angustia y el miedo extremo se presentan en el ataque de pánico. La persona es tomada por una angustia intensa y experimenta tres o más de los siguientes síntomas agudos, de manera repentina: palpitaciones, elevación de la frecuencia cardíaca, sudoración, ahogos y atragantamiento, opresión torácica, náuseas, dolor abdominal, mareo, rigidez y hormigueo en las extremidades, despersonalización y sensaciones de pérdida de conciencia. Las sensaciones panicosas atemorizan y atraen toda la atención, descartándose causa médica que las justifique.

Quien padece ansiedad generalizada sufre un malestar repetido, acompañado por intranquilidad e inseguridad. Cuando la ansiedad se expande, la persona tolera poco la incertidumbre e imagina los eventos con preocupación. Evalúa sus fuerzas y recursos menores a las exigencias. El ansioso padece agotamiento, falta de concentración, irritabilidad, tensión anímica, dificultad del sueño, alteración de la ingesta, aceleración en las acciones y pensamientos, nerviosismo injustificado, perjuicio en las funciones y desconcentración. Estos síntomas de ansiedad patológica se irradian como displacer periódico y generalizado. Quien lo padece disminuye sus capacidades y su calidad de vida, experimenta cada vez más ansiedad y se siente más y más preocupado.

Si la tristeza empaña las perspectivas, si opaca la vitalidad y disminuye las facultades, se transforma en derrotismo, que se realimenta dentro del ánimo. El pesimismo, a su vez, produce rigidez e impotencia recursivamente. En la depresión, el desánimo persiste en cada jornada, altera el sueño, ralentiza los movimientos, disminuye el placer y el interés. En el trastorno depresivo rondan ideas y sentimientos de vacío, de culpa, de imposibilidad. La conciencia vuelve, una y otra vez, con críticas y reproches. Los pensamientos alimentan el estado patológico, provocándolo desde lo psicológico.

La psicología cognitiva postula que en la depresión existe una triple atribución negativa (tríada cognitiva) que determina el cuadro: a) verse a sí mismo negativamente, pues el paciente se percibe "inútil", "desastroso"; b) percibir el futuro sin esperanzas, lo que genera desesperación y pesimismo; c) interpretar la realidad presente y las experiencias en clave negativa, quitando valor a las cosas ("nada vale"), la realidad es vacía y desastrosa.

En resumen: las emociones repercuten en el humor, en los pensamientos, en las conductas, en las situaciones laborales, familiares y de pareja. La trabazón entre pensamiento y emoción es inevitable, como si pretendiéramos neutralizar la influencia de los colores en un recipiente expuesto permanentemente a ellos. Lo que comprendamos sobre los colores que nos influyen desde adentro y cómo gestionarlos, favorecerá la salud y el bienestar.

La expresión emocional puede activarse con tal velocidad que nuestra mente y pensamientos vengan en segundo lugar, para justificar y manejar sus efectos. Muchas veces, incluso, nos parece que damos prioridad a los pensamientos, que somos muy racionales y, en realidad, los razonamientos y percepciones están sesgados e influidos por factores afectivos que no logramos percibir. Frecuentemente nos olvidamos o quitamos importancia a las emociones placenteras como fuentes de salud y causa de bienestar o malestar.

¿Para qué emocionarse?

Habitualmente decimos que alguien se emocionó cuando ha sentido un desborde afectivo o se ha quebrado en sollozos, cuando salta de euforia o lo saca de su lugar la furia. Tendemos a pensar que emocionarse es perder intensamente el juicio o la calma, ser arrastrados por afectos y pasiones. Sin embargo, las emociones están presentes de manera sutil, gran parte de las horas y del día.

El miedo hace huir de peligros y el enojo lleva a defendernos de un adversario o de una injusticia. Sentimos tristeza frente a pérdidas dolorosas, al soltar lazos con un ser querido. Los celos, por miedo intenso a perder el cariño y la atención de alguien significativo, por temor a perder su afecto. Los celos normales son como un pulóver cuando arrecia el frío: nos abrigan. Cuando son enfermizos, al igual que varios abrigos juntos, asfixian.

Otra emoción primaria es el asco. El gesto de repugnancia esboza escupir algo fuera de la boca y la mímica consiste en arrugar las fosas nasales (impidiendo la entrada de un olor feo). El asco lleva primariamente a correrse e impedir el ingreso de alimentos en mal estado. Un sentimiento de repugnancia se generaliza a expresiones sutiles de desagrado, por ejemplo, cuando decimos: "A fulano no lo trago, no me gusta". Las expresiones facial-posturales son semejantes a los gestos primitivos e incluyen la justificación mental que nos hacemos de ello.

No tienen que explicarnos el desgarro de un rostro, ni unos alaridos desalmados detrás de una pared. Los captamos al instante y disparan nuestra alarma por el sufrimiento. Diferenciamos esos llantos y quejidos del aburrimiento y de la fatiga. Existe una variedad de tonos y de actitudes, de posturas y movimientos, de vocalizaciones, de ritmos y cadencias que se expresan en sintonía.

Cada emoción se entrelaza y motiva por los pensamientos y creencias. Sentimos de acuerdo a cómo pensamos. En cada situación realizamos una evaluación súbita o meditada de los eventos y los recursos para afrontarlos. Del proceso veloz de pensamiento o de la reflexión resultan la tonalidad afectiva y la actitud consecuente.

La cultura da forma, a partir de modelos sociales y de mensajes, a los significados que atribuimos a las cosas. Una vergüenza y una culpa razonables, como pudor y prudencia, impiden acciones inmorales, anticipándolas, o nos hacen arrepentir e intentar repararlas. Así, toda sociedad fomenta lo que considera buenas costumbres, justificando una culpa o una vergüenza lógicas, para garantizar la convivencia. Estas emociones varían —en su vigencia e intensidad— de época en época, y también de persona a persona. Cuando se exagera con ellas y la conciencia se vuelve rígida e hipercrítica, quita fluidez y motivación; dejando de ser útiles y perturbando el bienestar.

La ausencia de miedo impide ver peligros y preservarse de ellos. Y su exceso se transforma en fobias e inhibiciones. Un exceso de coraje pondrá en riesgo la vida cuando la persona transite a altas velocidades o sin condiciones de seguridad.

Cada una de las emociones, en su justa medida, ha sido prevista para cumplir funciones y ser útiles a la supervivencia y realización.

Emociones conflictivas

Diferencia entre emociones disfuncionales y emociones desagradables:

Algo puede ser *funcional y desagradable*. Ejemplo: el miedo que advierte de un peligro real me lleva a evitarlo; el enojo justo da firmeza y sirve para poner un límite.

Algo puede ser *funcional y agradable*. Ejemplo: la diversión y el humor resuenan en la intimidad y se expanden en momentos divertidos; rebajan el estrés y las preocupaciones.

Algo puede ser *disfuncional y desagradable*. Ejemplo: los celos enfermizos agobian al celoso y a su pareja, resquebrajando la relación amorosa; la culpa y la vergüenza excesivas mortifican y rebajan la autoestima a partir de juicios hipercríticos.

Algo puede ser *disfuncional y agradable*. Ejemplo: el placer del juego compulsivo, de la adicción a sustancias, a la comida, a una sexualidad promiscua y descuidada, a una voracidad incontrolable; cuando los placeres momentáneos e intensos contrarrestan los propósitos y quitan sosiego.

Una emoción resulta disfuncional cuando por su intensidad y recurrencia dificulta el bienestar, la salud, las relaciones, la construcción de proyectos e induce desasosiego.

Las emociones desagradables, las que no deseamos, nos avisan/señalan que algún evento altera la tranquilidad y el bienestar, como si fueran "pájaro de mal agüero". Entre otras podemos mencionar la ansiedad, la angustia, el miedo, la ira, la tristeza, los celos, la culpa, la vergüenza, la frustración y la envidia.

Las emociones displacenteras señalan situaciones que requieren respuesta o son indeseables. Las emociones desagradables nos urgen a actuar y pellizcan desde adentro como señales o motores al pensamiento y a la acción.

A simple vista, podríamos creer que las emociones placenteras son todas deseables y fáciles de conseguir. Sin embargo, ni las emociones placenteras son deseables en cualquier situación y medida, ni se las integra fácilmente.

Recordemos que **toda emoción tiene su función y sirve para algo en nuestro mejor estado de salud** coloreando nuestras ideas y pensamientos e impulsando las acciones e intercambios con el entorno, pero cuando se vuelven recurrentes y nos aficionamos compulsivamente a alguna de ellas, los pensamientos e interacciones disminuyen su plenitud y atención plena al presente. Será tan conflictiva una emoción desagradable que se enquista en el ánimo (miedo, enojo, ansiedad...) como un afecto placentero que por su intensidad o recurrencia, quita atención y vitalidad para responder a una situación presente.

Por otro lado, que una emoción sea desagradable no significa que no sirva. Recordemos que toda emoción tiene un sentido natural de funcionalidad, en el mejor de los casos. El miedo, el enojo, la tristeza tienen su función. Pero **la alegría, la diversión y el humorismo, la gratitud y la esperanza tienen funciones que la psicología debe reconocer y explicar como causas de salud**.

La manifestación de placer o agrado amplifica el bienestar y la creatividad, fomenta los recursos y el desarrollo personal. La doctora Fredrickson habla de la "ampliación y construcción" que producen las emociones positivas[5]. A mi entender, esto es coherente con el concepto de "salud" propuesto por la OMS. Salud es el estado de completo bienestar físico, mental y social que tiene una persona.

Cualquier estado emocional es negativo si perturba los hábitos conductuales o mentales, si dificulta los intercambios con el entorno. La respuesta emocional sirve cuando moviliza conductas o respuestas funcionales. Una alegría que distrae la concentración laboral o la eficacia al cumplir tareas complejas será disfuncional. Perjudican unos gestos suaves cuando se requiere firmeza para responder asertivamente a una ofensa o marcar un límite. Demasiada serenidad será inconducente si su cadencia quita motivación y agilidad hacia objetivos que demandan fuerza y determinación. Un estado devocional y de agradecimiento no debe excluir la energía de acción ni la responsabilidad ante lo resultados. El erotismo como una libido aumentada, que se alimenta fuera de la pareja monógama y lleva a la infidelidad, puede hacer peligrar el vínculo amoroso y los sentimientos si la experiencia extravincular no es aceptada por ellos. El exceso de satisfacción o el placer por el placer mismo comprometen la templanza y el autogobierno, al satisfacer deseos contrarios a objetivos mediatos y a propósitos.

Una ansiedad crónica provoca o sostiene el estrés. Pero una quietud excesiva dificulta las actividades laborales y deportivas, entre otras, cuando nos vuelve indolentes y desmotivados. La incapacidad para expresar enojo y firmeza transforma a la persona en sumisa y falta de carácter. Al contrario, la recurrencia de la ira y la agresividad intensa perjudican las relaciones y disminuyen el buen uso de las facultades.

---

5. "Funcional" es toda respuesta motivada —conducta o pensamiento— que sirve para adaptarse y evolucionar hacia mayor bienestar y hacia la realización de proyectos.

Cada emoción sirve a la interacción de la persona con el entorno y al bienestar cuando se reacciona eficazmente a las situaciones y a los estados internos. Se vuelven conflictivas cuando causan malestar o acrecientan preocupación, miedo, tristeza o enojo, y éstos generan pensamientos perturbados.

Percibimos el enojo como algo malo e innecesario: "No hay que enojarse", dicen algunos. Pero una pizca de enojo en la situación adecuada lleva a defender con firmeza una posición o un derecho. El enojo funcional aporta asertividad. Lo que llamamos negativo es su desborde, cuando se exalta o persiste como resentimiento. Si a una ensalada le echamos sal o pimienta en exceso, se pierde la armonía del gusto; pero una pizca de condimento da su tonalidad y su picante.

¿Qué pasa con la tristeza? Jamás querríamos este sentimiento. Nadie desea estar triste. Es lógico. Ella señala situaciones de pérdida. Más aún cuando se sospecha que ser felices es estar alegres y satisfechos todo el tiempo... La tristeza se siente cuando sufrimos duelos. Estamos expuestos al duelo de etapas, de proyectos que caducan, de seres queridos y de cosas que se pierden en el camino. Que la tristeza sea desagradable no la transforma en disfuncional. ¿Nos encontraremos con ella más de lo deseado? Lamentablemente la respuesta es sí. Debe ser atravesada, esperar que disminuya su pena y se alojen nuevos estados. No hay emociones buenas y ni malas de por sí. Resultan negativas funcionalmente cuando entorpecen el crecimiento, la salud, y la interacción con los demás.

La culpa o los celos, tanto como la angustia, son desagradables. Pero una pizca de culpa dará la actitud ética acorde a nuestros valores. Su ausencia conlleva falta de frenos morales. Una culpa excesiva e irracional perturba la conciencia con rigidez e hipercrítica, quitando autenticidad y frescura. ¿Diremos que la culpa es disfuncional? No. La culpa apuntala desde lo afectivo un sentido de rectitud y de cumplimiento de normas. Pero el exceso y la persistencia exagerada la vuelven disfuncional. La culpa señala una transgresión, y advierte para no cometer acciones inconvenientes. En cambio, un estilo culposo y condenatorio amenaza y rebaja a la persona ("soy un desastre", "hago todo mal", "no sirvo para nada"). Jamás será una emoción agradable. Sirve el ejemplo de la sal. Una pizca de ella condimenta los alimentos. Un terrón malogra el sabor.

La ambición personal es una aspiración necesaria. Nadie negará la importancia de avanzar en la vida y obtener logros, de tener proyectos y superarse. Las naciones se han levantado tras guerras y debacles económicos proyectándose hacia el futuro. Lo mismo ocurre con las personas ávidas de logros. La ambición puede representar una virtud o un defecto, dependiendo del caso. Si se trata de una virtud, se refiere al anhelo de superarse y obtener mayores logros. Como defecto connota codicia y avaricia.

La avidez por los placeres inmediatos e intensos compromete al adicto su salud. La voracidad del adicto a sustancias causa malestar *a posteriori*. Así como el jugador empeña sus bienes y pierde el sustento de su familia, el alcohólico y el fumador contraen una enfermedad grave; el comedor compulsivo agrava su enfermedad cardíaca, su diabetes, el colesterol o la hipertensión. La búsqueda de placer momentáneo como avidez y ambición descontrolados, buscan la satisfacción ahora, comprometiendo las perspectivas más amplias de salud y bienestar. Positivo no es el placer simple. "Positivo" refiere a la función que esas sensaciones cumplen para la persona en sus circunstancias.

En adelante refiero a las emociones placenteras como emociones positivas. No porque sean más funcionales, sino porque sirven a la promoción del bienestar, a la ampliación de recursos y a la construcción de relaciones de confianza, a la creatividad y a la capacidad de resiliencia. Las emociones positivas no señalan urgencia, traición, peligro inminente, injusticia, resentimiento, desprecio, frustración, incertidumbre, turbidez de conciencia, celos, envidia, cólera, condenan el pasado, entristecen o angustian. Atenúan esos estados y forman recursos que se amplían e irradian, como causas de bienestar y de superación personal.

Las emociones positivas, refiriéndome en adelante a las emociones placenteras, sirven para la promoción de bienestar y de salud mental, al entablado de lazos positivos y a la recuperación de sucesos traumáticos.

Emociones positivas, más que simples risas...

Las emociones positivas provocan conductas flexibles y dependen de estímulos variados. Lo que resulta gracioso y divertido a unos puede ser indiferente a otros. Lo que causa euforia y sensación de logro varía, de persona en persona, al igual que la expresión de contento.

La afectividad positiva tiene más variedad de respuestas que los estados desagradables. Las emociones placenteras no tienen patrones conductuales únicos, ni significados prefijados rígidamente. En concordancia con los estudios de Fredrickson, el profesor Américo Baptista refiere que:

> Las emociones positivas no son tendencias específicas a la acción ni preparan la mente y el cuerpo para la acción, como las emociones negativas, sino que estimulan al individuo a explorar su entorno, a compartir actividades; son señales para continuar y tienen como función fundamental ampliar el repertorio de pensamiento-acción. De este modo crean recursos personales que sirven a la función ancestral de promover la supervivencia[6].

Por un lado, las emociones positivas señalan estados de equilibrio y de seguridad. Se ACTIVAN ante el bienestar presente y

---

6. Baptista, Américo, "*Emociones positivas. Perspectiva evolucionista*" (cap. 2), en Enrique Fernández-Abascal (comp.), Ediciones Pirámide, Madrid, 2009, pág. 58.

ante la ausencia de amenazas. Surgen fácilmente en momentos de calma, cuando no existen preocupaciones ni urgencias. Por otro lado, causan o promueven estados de bienestar, fomentan la creatividad y resuenan en personas con quienes interactuamos y cooperamos.

> Ayudan a desarrollar estrategias de resolución de problemas y facilitan el aprendizaje de nueva información. Mejoran los recursos físicos, desarrollando coordinación y potencia muscular; los recursos sociales, creando nuevos lazos y solidificando los anteriores, y los recursos psicológicos, desarrollando optimismo, resiliencia, sentimiento de identidad y orientación para objetivos[7].

Generan fluidez, apertura hacia el entorno, confianza y desarrollo de potencialidades. Despiertan nuevas posibilidades y recursos.

La psicología tradicional ha descrito excelentemente bien la presencia del miedo, la ira, los celos, la angustia, el pesimismo. Esto no explica cómo otro grupo de tendencias afectivas —placenteras— sirvieron a la evolución y a la sobrevida del individuo y del grupo, al despliegue de potencialidades y de lazos cooperativos.

Para el enfoque de la psicología positiva, las emociones positivas abren nuestra mente y nos hacen más receptivos y creativos. Nos conectan con la realidad. Además de las sensaciones deseadas dentro de la salud, potencian los recursos para desarrollarnos y crecer. Orientan nuestros impulsos hacia adelante y hacia el entorno. Por ende, promueven salud y se vinculan con ella.

---

7. Baptista, ibídem, pág. 58.

"Bajo un estado de ánimo positivo generamos soluciones más innovadoras ante las situaciones problema. El afecto positivo instiga un estilo de procesamiento que facilita el surgimiento de soluciones inéditas y eficaces. Estos procesos se realizan en el seno de una organización cognitiva abierta, flexible y compleja"[8], sostiene Enrique Fernández Abascal.

Antes se pensaba que las emociones placenteras eran no más que destellos del rostro y sonrisas fáciles. Hoy sospechamos que, mientras las emociones negativas provocan impulsos de huida o lucha, sensaciones desagradables como los celos, la angustia y la desesperación, las emociones positivas generan apertura de conciencia, respuestas más flexibles y creativas. La conciencia expandida por las sensaciones placenteras permite construir recursos y alentar el desarrollo, superarse y prosperar hacia propósitos y logros. Las emociones positivas nos conectan con el presente y con la vida. ¿Por qué las ciencias sociales dejan su estante vacío? ¿Acaso no están ya en nuestra naturaleza social y en nuestra emocionalidad básica?

La interacción social amistosa crea lazos duraderos y un buen clima cooperativo. Vemos las sonrisas de festejo y las miradas de buen tono entre los compañeros de equipo y entre los amigos, en la pareja, entre los padres e hijos, entre los hermanos. Esas resonancias calan en cada uno, auspiciando las relaciones de diálogo y los intercambios dinámicos.

Las emociones placenteras obraron en nuestros antepasados como sensaciones aseguradoras, motivando para explorar, aprender, crear, interactuar, cooperar, disfrutar, construir recursos para aprovechar a futuro. Aportaron constructivamente recursos

---

8. Fernández-Abascal, Enrique, "*Emociones positivas, psicología positiva y bienestar*" (cap. 1), en Fernández-Abascal, *Emociones positivas*, ob. cit., pág. 34.

físicos, sociales, intelectuales y psicológicos. Animaron en el pasado a ampliar y crear cuando se sentían seguros y satisfechos. Además impulsaron a ir por objetivos mayores, buscar más satisfacción y metas valiosas, reaccionar con determinación y esperanza, dialogar curiosa y sorprendentemente con el entorno e imaginar lo mejor en el porvenir.

Según la propuesta de Fredrickson, al abrir nuestra mente, "las emociones positivas *pueden ampliar el repertorio de pensamientos y acciones del individuo y fomentar la construcción de recursos para el futuro (...) promueven pensamientos más creativos, tanto en la pura creatividad como en la originalidad en la solución de problemas*"[9].

Expanden los recursos con que se prospera y, por qué no, al ampliarlos, nos llevan a mayor desarrollo y bienestar potencial.

Para catalogar una emoción como positiva no alcanza con que sea placentera, ni que provoque una expresión de jolgorio; debe promover apertura y aumentar el bienestar psicológico. Esto sugiere su participación saludable.

Empujan a explorar el entorno, aprender habilidades y destrezas. Sirven para atenuar estados de tensión y de preocupación; para moderar el odio y el resentimiento, la tristeza, el desánimo y la angustia; para sostener la motivación en tareas y búsqueda de objetivos; para aumentar los recursos en la resiliencia. Nos vuelven más cooperativos y eficientes. Favorecen el cuidado personal y la salud psicofísica. Potencian recursivamente el caudal de afectividad positiva. Nos alientan, nos abren la mente y los horizontes hacia compromisos e intereses posteriores; involucran con la vida y con metas superiores, más allá de uno.

---

9. Fernández-Abascal, ídem.

CAPÍTULO 2

Sí existen

Aliadas de la vida y del bienestar

Coraje y firmeza

El coraje es opuesto al miedo y al malestar que nos causa sentirlo. Su presencia lleva a tomar desafíos y a realizar proyectos. Es un valor entre los valores.

La valentía está en la actitud vigorosa y desafiante frente a obstáculos y peligros. Un hombre que desafía con propósito las adversidades adquiere un valor ante sí y ante los suyos.

El ahínco es énfasis para realizar una acción e ir detrás de un objetivo. **El coraje y la firmeza mueven a actuar con tenacidad, a promover fines y metas valiosas.** Por ellos no se desprecia los riesgos ni las dificultades. Se los enfrenta con los propios recursos.

Sostener una actividad o un emprendimiento requiere la fuerza y el ahínco. La dificultad de un maestro rural para asistir a clases lejos de la ciudad, las horas que impulsaron al alumno a estudiar una materia difícil, la trayectoria de un trabajador y de un deportista que conquistaron un logro, la perseverancia de un sacerdote en comedores comunitarios y del fundador de una organización o una empresa, ejemplifican el vigor y la perseverancia.

Coraje es determinación ante los peligros. Ahínco es poner fuerza y énfasis en acciones con sentido cuando aparecen las dificultades. Ambas actitudes sirven para salir airosos y perseverar hacia objetivos.

La firmeza resuena como actitud expansiva y desafiante. Cuando sentimos la presencia de valor y determinación, la mirada y el cuerpo se preparan para la acción e irradiamos vitalidad.

Actualmente no es común enfrentarse indefensos a peligros naturales, como animales depredadores, serpientes, grandes felinos u otras bestias. El miedo alertó millones de años atrás a nuestros lejanos parientes de peligros que yacían en la naturaleza. Nuestro cerebro primitivo nos alerta frente a peligros reales y nos ayuda a evaluarlos. Hasta el día de hoy se conserva la reacción instintiva de huida o lucha que se tiene desde la época de las cavernas.

En las fobias la persona asediada por la representación de peligros reacciona ante esa idea huyendo y limitándose en sus rutinas y movimientos. La fobia es un miedo irracional y específico y limita la realización de las actividades de quien la padece. La terapia cognitiva conductual resulta efectiva para tratar esta patología: contrarresta la sobrevaloración de los objetos temidos y fortalece las actitudes y pensamientos realistas, dimensionando los recursos para enfrentar los temores fóbicos.

Valentía es dar cara a las adversidades, aumentar los recursos y robustecer la actitud ante el temor. El coraje es una virtud que se inculca en los jóvenes, al fomentarles la confianza en sí mismos y alentar la búsqueda de objetivos.

Valor no es ausencia de miedo, es ir más allá del miedo irracional. Los miedos patológicos disminuyen la vitalidad, la confianza y el libre accionar. La determinación y el ahínco, en cambio, llevan a no quedarse como víctima y a promover acciones eficaces.

El profesor Abascal expresa lo siguiente:

> Cuando una persona es valiente, logra vencer sus temores o dudas y actúa con decisión y firmeza. La valentía es la expresión del valor, ya que el valor como emoción no tiene por qué generar respuestas manifiestas. El valor no implica la ausencia de

> miedo, sino más bien al contrario, puesto que es la capacidad de hacer lo que tenemos que hacer a pesar de tener miedo[10].

El ahínco o vigor debe entenderse como un énfasis clave para las acciones y para sostener proyectos.

> El vigor conlleva unos altos niveles de energía, de resistencia y un alto esfuerzo en las actividades que se desarrollan, incluso cuando aparecen obstáculos en el camino. El vigor se caracteriza por una gran voluntad de dedicar el esfuerzo a una tarea y la persistencia ante las dificultades[11].

Poner énfasis o ahínco sitúa a la persona al máximo de sus posibilidades. El coraje levanta del quebranto y cuestiona los obstáculos. Unos se debilitan por la derrota, mientras que otros marcharán con ganas y pondrán allí su aliento.

La educación puede inculcar el miedo y la indefensión aprendida. Lo mismo puede hacer con sus contrarios: el valor y la perseverancia. Las actitudes y gestos se aprenden junto con los hábitos. El aprendizaje interviene al moldear los pensamientos y los afectos.

Cuando se activa el coraje la persona trata de enfrentar los riesgos y las adversidades. El estudiante en vísperas de un examen resopla, luego enfoca un punto y dice (“voy a aprobarlo”, “lo intentaré”). Quien teme a transitar ciertos lugares (por agorafobia), enfrentará sus temores exponiéndose progresivamente.

El coraje realista y la determinación no inducen a la locura, sino a la decisión. El común denominador entre los miedos

---

10. Fernández-Abascal, Enrique, *Disfrutar de las emociones positivas*, Grupo 5, Madrid, 2015, pág. 69.
11. Fernández-Abascal, ibídem, pág. 73.

racionales y los miedos irracionales es que ambos activan la emoción primitiva del miedo. Los miedos han sido capitales en nuestro diseño humano para señalar y enfrentar los peligros y salir airosos. El miedo irracional y excesivo anula, paraliza, quita deseo. El miedo racional enciende la atención y convoca las fuerzas para afrontar riesgos mesurados.

El arrojo necio e irracional no es positivo. La temeridad pone en riesgo la vida e integridad propia y de seres queridos. Es peligroso carecer de la barrera del miedo cuando alguien maneja ebrio y a exceso de velocidad. Se minimiza los riesgos cuando el fumador de cuarenta cigarrillos diarios con enfermedad coronaria y los pulmones agotados dice: "De algo hay que morir". Eso no es coraje, es minimizar el peligro real.

El ahínco nos vuelve creativos cuando empuja a la invención, a desplegar capacidades. Nos involucra con objetivos mayores. El vigor levanta el ánimo en la derrota. No hay resiliencia sin ahínco y perseverancia.

La persona rejuvenece en los propósitos y metas, en los proyectos. Los pensamientos causan vitalidad y entusiasmo, así como pesimismo y angustia. ¿Quién se levanta por la mañana si no alimenta un deseo más allá del momento?

Serenidad en la agitación

La serenidad es un estado de placidez y relajación que induce moderación y percepción clara en distintos momentos. La tranquilidad aumenta el descanso y la calma en el momento presente. Con esta emoción nos sentimos a gusto plácidos, al estar bien despiertos y percibiendo la realidad: aceptándola tal como es o atenuando su dureza.

Los músculos se distienden y la postura es relajada. La conciencia está advertida de sí y del entorno, sin deformaciones del entendimiento ni pensando en exceso. La atención enfocada sobre el cuerpo conecta con la respiración y observa los pensamientos. La mirada es calma pero firme. Los ojos pueden estar entrecerrados. La respiración se siente profunda y lenta. El organismo está en sintonía consigo y con el afuera.

Al estar relajados observamos los hechos pasados, las situaciones presentes y los sucesos por venir, con apertura y perspectiva amplia. Sin recargar las intenciones ni tensarnos de más.

La serenidad mejora el rendimiento y la concentración. Durante las actividades es útil fomentar la serenidad junto a la determinación vigorosa. Los mensajes que uno se da pueden generar concentración y autocharlas positivas.

Construir estados de paz y relajación requiere estrategias mentales y corporales. Las prácticas de yoga y la meditación proporcionan calma y regulan el estrés.

El ejercicio físico es clave para la salud. Frecuentemente llamamos relajación a los efectos del ejercicio y del movimiento periódico. La ejercitación evita el sedentarismo, la distonía muscular y potencia la relajación física. Con la práctica deportiva y el movimiento rítmico o aeróbico se liberan hormonas opiáceas naturales (endorfinas) que afectan positivamente el estado de ánimo.

Las preocupaciones y exigencias intensas generan estrés. Bajo consignas como "saborear el presente", "no sufrir por la mente tumultuosa" o "controlar el estrés", la meditación, las prácticas de respiración consciente y la relajación corporal, promueven bienestar mental y físico.

Habitar momentos y estados de paz contrarresta tensiones y produce calma, sensación de estar conectado al momento. La quietud mental repara el cansancio, frena las rumiaciones mentales y aumenta la energía.

La serenidad es emocionalidad positiva. Sentimos agrado y confort, deseo de estar acá presentes, de recibir los estímulos.

Una mente calma crea soluciones nuevas a problemas viejos, toma las sensaciones y experiencias como oportunidades.

El estrés, la ansiedad y la angustia que sienten los pacientes son contrarrestados por la relajación autoinducida, colaborando a regular aquellos estados.

Una actitud serena y flexible abre la mirada en momentos de desasosiego e intranquilidad y mantiene la mente enfocada. Una pizca de calma en la tormenta permite orientar y alinear los objetivos. Algo de templanza es clave para controlar los impulsos agresivos y funciona también como herramienta de regulación emocional.

No se trata de estímulos simples que causan malestar y bienestar, sino de situaciones complejas donde se evalúa y atribuye peligrosidad, complejidad, tensión, injusticia, incertidumbre, dolor, así como distensión, bienestar, amorosidad, plenitud.

Constantemente evaluamos e interactuamos con los estímulos presentes. No es sólo un acontecimiento el que estresa, sino la valoración del mismo y de los recursos. Factores psicológicos como el perfeccionismo, la crítica, baja autoestima o escaso sentido de autoeficacia, la incapacidad de centrarse en el presente, la falta de perspectivas o una mente detenida en el pasado, provocan estrés y malestar psicológico. Esto se destaca cuando observamos que "no son los hechos los que nos afectan sino lo que pensamos de ellos".

El estrés crónico agudiza o potencia la cronicidad de enfermedades psicosomáticas: cardiovasculares, hipertensión, acidez, reflujo gástrico, trastornos del funcionamiento digestivo, cefaleas tensionales[12].

La falta de relajación y el estrés contracturan y tensionan los músculos, quitan energía y placidez, entorpecen las funciones mentales, el descanso y la alimentación. El estrés crónico interviene en las disfunciones sexuales por pérdida de deseo y ansiedad.

La persona estresada queda predispuesta a la ansiedad, a la angustia, a ciertos hábitos alimentarios, a explosiones de ira, a tensión en distintos órganos, a un descanso poco profundo. La atención y la memoria tanto como la imaginación se alinean con

---

12. Cuando intervienen el estrés y la ansiedad como factores potenciadores de enfermedades psicosomáticas, se requiere un tratamiento integral (médico especializado y psicológico).

los problemas y ocupan el foco. La angustia, el enojo intenso y la preocupación influyen en los pensamientos.

La psicoterapia efectiva integra los métodos de meditación (como el mindfulness), las actividades de relajación y estiramiento (como el yoga), la práctica regular de ejercicio y la alimentación nutritiva. Enfocar en pensamientos positivos, realizar actividades comprometidas y las relaciones amorosas positivas aumentan el bienestar y mitigan el estrés.

Diversión

La diversión es parte de las tendencias básicas. El chiste y la comedia aprovechan esa disposición para lo cómico. El humor y la gracia nos relajan y distraen de las preocupaciones. Son un descanso para la mente. La comedia y el humor relajan, distienden las críticas y sobreexigencias. La comicidad y la picardía disminuyen los pesares y preocupaciones, mientras que mantienen el contacto con la realidad.

El pesimista dirá que el humor es un alivio pasajero y que la vida no tiene solución, que no tiene fin reírse. La conciencia crítica frena la tendencia al humor y a la diversión. Argumentando neutralidad los considera pérdidas de tiempo o expresiones secundarias (posteriores al bienestar).

Sin embargo, el humor y la risa hilarante no impiden acciones decididas ni la orientación a objetivos.

> La diversión es la emoción que nos hace pasar el tiempo de manera agradable. Es el entretenimiento proporcionado por la realización de una actividad. Es estar involucrado en actividades que nos generan risa, que nos ayudan a ver la vida de manera más despreocupada, donde se puede apreciar el lado bueno de las adversidades, donde nosotros hacemos felices a los demás y nos explayamos[13].

---

13. Fernández-Abascal, ibídem, pág. 59.

Tomar las cosas con humor renueva fuerzas en la complejidad y amplía la mirada. Descansa el ánimo para ocuparse de las tareas y proyectos.

La picardía está en la humorada y en las carcajadas de los enamorados. Ellos ríen por reír, se persiguen, se vuelven cómicos, se contagian de movimientos risueños. Resuenan en el baile y se abrazan. Se pellizcan jugando y juegan a mirarse.

El humor toma con asombro y apertura lo humano. Nos vuelve la mirada sobre la vida y nos impulsa a reunirnos. La risa se multiplica en las reuniones, promueve confianza y apertura al diálogo. La risa es un puente entre Yo y Tú. Dos o más amigos se juntan a festejar y esta nace entrelazada a la conversación. Un comediante también presenta algo de la realidad. El humor brota con las torpezas y equivocaciones. Como un espejo, nos muestra desopilantes y graciosos. Nos deslumbran por lo absurdo, recaen en los tropiezos y yerros varios, causando la comedia. Distraen la mente de sus preocupaciones y rigideces. Pero ni la mente más perspicaz puede describir la risa y demostrar su fundamento a quien no la sienta. Y la psicología la olvida en ocasiones como fuente y causa de salud, y no sólo como consecuencia.

El chiste se remata de manera súbita, provocando la sorpresa ante el ridículo. El buen humor se detiene ante la severidad de la tragedia o del sufrimiento, los bordea y espera su oportunidad para matizarlos. El comediante, a su manera, nos llama al entendimiento, no desde la razón, sino desde una comprensión metafórica y elíptica. Hace entrar en su paradigma, que también es nuestro, una comprensión sutil sobre lo real. El cómico insinúa con agudeza que la realidad falla en el absurdo y continúa en sus marcos. En cambio, si alguien ríe ante un naufragio o ante el dolor, se tomará debidamente por cruel e inhumano. Lo cómico jamás aumenta el sufrimiento.

Incorporar el humor amplía la conciencia y agudiza las facultades a través del pensamiento flexible. Al contrario, el tembloroso pánico mueve la atención rígida sobre la negatividad y la angustia. Quienes se han vinculado en tiempos de jolgorio recuerdan al otro positivamente, atesorando aquella presencia. Unos viejos amigos saben que han pasado momentos difíciles, pero que no han faltado encuentros y diálogos divertidos. En la remembranza se renueva la gracia del encuentro. Lo mismo que los enamorados, han compartido amarguras, pero en los momentos dulces y en el compartir han cimentado la relación. El humor consolida las relaciones, formando recursos para el porvenir.

La doctrina del hedonismo propone que el placer es un fin y un fundamento de la vida. Esta perspectiva tuvo sus argumentos de los filósofos griegos Arístipo de Cirene y Epicuro de Samos. Para el hedonismo la obtención de placer y las necesidades vitales deben satisfacerse. Epicuro (Grecia, 341-270 a. C.) instó a un hedonismo racional, diciendo que la vida humana procura el placer y evita el dolor, destacando el disfrute en la moderación y evitando los excesos. Para Epicuro convenía encontrar un equilibrio en la satisfacción de deseos corporales y anímicos; y los del alma son superiores a los físicos, cuando estos son innecesarios.

Para el hedonismo irracional lo importante es la búsqueda del placer por sí mismo. La finalidad de la vida sería principalmente provocar y conceder los placeres. Esta perspectiva se manifiesta en las adicciones. Todas las drogas producen y excitan placer sensorial y estimulan el sistema nervioso central. El adicto no controla el consumo de sustancias que afectan su cerebro y las sensaciones, poniendo en riesgo su salud e integridad.

Desde la antigüedad ellas exaltan las sensaciones placenteras y el éxtasis. Quien se aficiona al tabaco puede enfermar las vías respiratorias y quitar salud al corazón. El adicto a la comida no controla sus hábitos alimentarios y la obesidad va causándole enfermedades. Las drogas procuran placer intenso. Este puede distorsionar los proyectos personales y quitar salud. Es interesante la perspectiva de Epicuro cuando sugiere los placeres en su justo medio, cuando el gozo no impide un dominio de sí.

Los placeres sensoriales excitan el ánimo y son parte valiosa de la salud. Promueven el bienestar y las relaciones positivas.

La terapia cognitiva acepta la importancia de activar actividades que generan distracción y humor en los pacientes depresivos y ansiosos. En un proceso terapéutico es valioso, ya que los depresivos rebajan su humor y son presos de diálogos internos pesimistas, a los que se exponen diariamente como autocharlas derrotistas y angustiantes.

El placer y la diversión influyen sobre el estado de ánimo y atenúan el sufrimiento. El humorismo y lo cómico abren a la realidad, nos ayudan a soportarla y ligan a la vida.

La capacidad de jugar

Johan Huizinga destaca la disposición natural al juego. Jugar transforma y hace la rutina más llevadera, fomenta la diversión e hilaridad como recurso para estar bien.

Los niños juegan con muñecos y balones, con juguetes que les acercan los grandes. Intuitivamente se entregan a las actividades lúdicas. Incluso, si un adulto no les facilita elementos, jugarían con la tierra y el agua, a combinar los sonidos y silbar con una caña, a corretear con otros, a realizar destrezas con el cuerpo y con los materiales, a golpetear las piedras o las ramas de un árbol.

La capacidad lúdica es vitalizante. Los cachorritos de distintas especies hacen correrías y se amenazan con las fauces indefensas. Imitan batallas, como si fueran enemigos. Los niños juegan a la lucha y ensayan a probar sus fuerzas. No quieren lastimarse de verdad. Juegan sabiendo que no es a muerte sino ejercicios de lucha.

En los juegos de azar y de mesa la persona también está conectada con el placer de enfrentarse con la casualidad y con lo incierto. No hablo del juego compulsivo, en el que el jugador se descontrola con las apuestas y hace peligrar el futuro, sobrestima los resultados totalmente azarosos y anula su juicio al pretender que de una jugada cambiará la suerte.

El juego como actividad social se produce en escenarios hermoseados, ya que se trata de celebraciones. Se observa en los encuentros deportivos. Al enfrentarse los competidores suenan trompetas y campanas para alentar a los equipos. Los deportistas son actores sociales admirados. Tan importante es la competencia que se llorará ante la derrota y se gritará con alaridos y saltos vitoreando el triunfo. Cuántos diálogos de amigos refieren al juego de sus equipos y a lo que ocurre en la cancha con el movimiento y las destrezas con el balón. Jugar es una parte de la realidad.

El juego es precursor del hombre en el joven y del niño en el viejo. Quien no sabe jugar no ha nacido en una parte.

Cuando jugamos disfrutamos la existencia, la propia respiración, la voz entonada, el fluir de la risa, estar en el momento presente. Quien guarda tiempo de la jornada para jugar, reserva un potencial de salud; quien toma las actividades lúdicas con importancia, honra las fuentes de la vida y de la creatividad. El juego es pro-social. Esto me hace recordar cuando era muy niño y esperaba las tardes de verano para ir con mi madre a la plaza a andar en bicicleta y encontrarme con amigos a pedalear. Cuando nos cansábamos íbamos a tomar agua a un club de grandes. Luego de una empinada escalinata estábamos en un salón donde reinaba el silencio y unos ceñudos canosos jugaban al ajedrez. Aquellos ajedrecistas absortos tomaban muy en serio su juego de estrategias.

Cuando jugamos el tiempo se detiene, la atención descansa de preocupaciones y tristezas y se siente un estado de fluir con plena concentración.

También jugamos con la admiración de fuegos artificiales que refucilan la noche, al deleitarnos con unos malabaristas y payasos, con el lanzamiento de un barrilete y los aplausos por una nave que fue arrojada a los cielos, en el toque de un instrumento y los sonidos de una orquesta. Un poeta, al escribir, juega con su imaginación; un cocinero combina los alimentos y crea sabores; unos jinetes han preparado meses a los caballos para saltar unas vallas en una competencia; mientras lo que explica el disfrute de la pintura, la fotografía, el cine, el teatro es la capacidad de crear lúdicamente, más allá de lo rutinario, algo que nos eleva de la realidad. Estas sensaciones y actividades generan apertura, son precursoras de salud y expansión. El juego enaltece lo imprevisible y lo creativo dentro de ciertas pautas.

Jugar es una aptitud y una afectividad que sirve para practicar destrezas y facultades. Fomenta el buen ánimo y los lazos de cooperación y amistad. De ahí su valor social. Alguien que juega entregado a esa actividad no nos preocupa por su salud. Una cara mustia y umbría con unas facciones decaídas sí nos preocupa.

Gratitud realista

> La gratitud es muchas cosas para muchas personas. Es asombro, es agradecimiento, es mirar el lado bueno de un contratiempo, es comprender la abundancia, es agradecer a alguien en tu vida, es dar las gracias a Dios, es literalmente dar las gracias por lo que tienes. Es disfrutar, es no dar nada por sentado, es afrontar, es centrarse en el presente. La gratitud es un antídoto contra las emociones negativas, un neutralizador de la envidia, la avaricia, la hostilidad, la preocupación y la irritación[14].

La gratitud realista enfoca lo que vale la pena, aprecia lo bueno de las cosas. Renueva la confianza, enfatizando el valor de la realidad. Esta emocionalidad nos conecta con la vida, permite aceptar la adversidad sin negarla.

El agradecimiento es clave para ser feliz y estar sano mentalmente. Pero hay que dimensionarlo en cada oportunidad. Andará equivocada una mujer que es víctima de violencia de su pareja si pretende frenar las agresiones en base a agradecimiento o a quedarse cabizbaja ante las ofensas. Le convendrá la reivindicación firme o denunciar el maltrato ante quien corresponda. La gratitud vendrá cuando se evalúen los hechos, luego, y se organice para salir adelante, para no deprimirse y quedar en la angustia más de la cuenta.

---

14. Lyubomirsky, Sonja, *La ciencia de la felicidad*, Urano, Barcelona, 2011, pág. 133.

"La gratitud nos ayuda a enfrentar el estrés y el trauma", afirma Lyubomirsky, ya que a las circunstancias estresantes y traumáticas se les puede dar una nueva interpretación, revalorizando y apreciando los hechos. La gratitud es una chispa de resiliencia, jerarquiza algo del presente y del futuro, de la intimidad de uno y de lo real. También la gratitud me permite decir: "De tal suceso aprendí tal cosa".

Equivocado andará quien se pone a agradecer al momento de resolver una situación urgente. No hay que confundir lo que se puede aceptar con lo que conviene cambiar. Un daño sufrido, la pérdida o cualquier situación que genera dolor, puede ser motivo de aceptación o modificación, no de gratitud. La gratitud permite valorar un costado bueno de la experiencia y enfocar con claridad el futuro. La gratitud realista no distrae las fuerzas ni las estrategias.

Encontramos la gratitud en el asombro por pequeñas cosas de la vida. Cada experiencia es una posibilidad de aprender si enfocamos algo bueno o bello de un suceso. Es interesante pensar: "Qué elijo aprender de esta situación, qué puedo aprender de esto".

La gratitud destaca el valor de cosas puntuales y de hechos generales: la salud, la vida, la comida, los afectos, estar en el momento presente, la posibilidad del porvenir, los recuerdos o una parte de ellos. Pueblos enteros han agradecido al sol por la existencia. Religiosos y meditadores practican el agradecimiento en la oración. Se inculca a los niños a agradecer por los dones y cosas recibidas, apreciando lo que se tiene y lo que uno es.

Quien practica la gratitud disminuye resentimientos, porque los visualiza en un panorama amplio. Quien siente gratitud aumenta las perspectivas, sin quedarse en la quejumbre más de lo necesario[15].

Gracias no es inclinarse todo el tiempo y decir SÍ, cuando hay que decir NO. Agradecer es enfocar sin apuros y valorar un don, una cualidad, una experiencia, un vínculo, una posibilidad.

La ingratitud enfoca hasta lo extenuante lo negativo y minimiza al extremo lo que hay de bueno, lo que se tiene, lo que puede ser mejor. Las personas centradas en el pasado, a veces, potencian la ingratitud. La atención selectiva sobre lo negativo aumenta cuando se piensa interminablemente sobre eventos desfavorables y cuando se descarta las posibilidades.

Fijar la atención en lo positivo atenúa el sufrimiento. Quien tuvo una pérdida o se le avecinan momentos difíciles, podrá agradecer algo aprendido o encontrar un sentido favorable y aleccionador.

> Se ha comprobado que las personas que suelen estar agradecidas son relativamente más felices, tienen más energía y son más optimistas, y dicen que experimentan emociones positivas con mayor frecuencia[16].

Hay personas que, como se dice, "lo tienen todo": dinero, belleza, fama, prestigio; sin embargo, son infelices. Y otros, que con menos bienes materiales y cualidades, se sienten más agradecidos. Por lo cual, no hay una relación estricta y única entre tener y ser agradecido con la vida. La actitud de agradecimiento está

---

15. No me refiero con "quejumbre" a las quejas y protestas que motorizan cambios y denuncian injusticias, sino a la queja como actitud rezongona permanente, cuando impide modificaciones.

16. Lyubomirsky, *ob. cit.*, pág. 134.

relacionada con rasgos estables de la personalidad y con elementos del contexto objetivo.

El reverso de la gratitud es la queja extenuante, la melancolía, el resentimiento, el odio. Esa queja agobia al quejoso y potencia el sufrimiento. Se trata de aquellos que siempre le encuentran el lado negativo a las cosas (la sombra), que miran por costumbre la parte faltante de la realidad (el vaso vacío), que enfocan en el pasado impidiéndose disfrutar o agradecer por lo nuevo del presente. (No me estoy refiriendo a una persona que no tiene sus necesidades cubiertas, sino a los casos en los que lo psicológico tiene mayor influencia sobre el bienestar.)

La gratitud será un recurso más para superar la depresión, para atenuar la angustia y los miedos, el pánico. Incluir el agradecimiento potencia una actitud superadora. Cuando la gratitud se transforma en un rasgo, somos más amorosos con nosotros mismos y con nuestro entorno. Ya no se dirá: "Para qué voy a cuidarme si me pasó tal cosa". Al contrario. No puede modificarse un suceso traumático. Sí puede modificarse la actitud o la responsabilidad ante el futuro. La salud psíquica se beneficia por la gratitud cuando nos preguntamos qué podemos aprender de tal suceso para salir fortalecidos y agradecer la oportunidad de seguir creciendo.

Curiosidad y asombro

La curiosidad y el asombro orientan hacia el presente y hacia lo nuevo. Escuchamos embelesados a un concertista tocar su instrumento; irrumpe un sonido o un olor en la habitación; encontramos una mancha o un bulto debajo de la piel; alguien tuvo un gesto o cocinó una comida exquisita; surcó repentinamente un astro en medio de la oscuridad; ganamos un premio en un sorteo; nos cruzamos con alguien que no veíamos de antaño. En todos los casos los sentidos y la atención se dirigen a los sucesos.

Los eventos novedosos indican la existencia de un problema o de una oportunidad valiosa. Algo del mundo llama la atención e invita a explorarlo.

Los ojos y la boca bien abiertos expresan universalmente la sorpresa y el asombro. Se manifiesta elevación de las cejas con aumento de las pupilas y de las comisuras de los labios. Con la curiosidad el cuerpo busca aproximarse a lo que se desea explorar. La sorpresa impacta ante un hecho repentino.

Si la atención se concentra y detiene ante ciertos estímulos las facciones se relajan y la curiosidad se sirve de ella. La curiosidad y el interés son clave para la investigación científica.

La curiosidad impulsa a explorar lo nuevo y causa deseo de saber más.

Es fundamental para ir más allá de los prejuicios y de los preconceptos, para cartografiar nuevos mapas mentales y crear nuevas ideas. La curiosidad y la capacidad de sorprendernos nos despiertan y hacen cuestionar las ideas antiguas o prejuicios.

Un estímulo causa curiosidad si da ganas de conocerlo más. El asombro puede ser negativo, dramático, aunque también positivo y estimulante. Cuando es agradable lleva a la curiosidad y ampliar los horizontes de ideas. Sin embargo, la curiosidad no deriva necesariamente del asombro, sino que parte de las ganas de saber. La curiosidad se siente agradable, por saber y adquirir información valiosa o una destreza. Quien desea aprender, admite que sus ideas y dominios pueden ampliarse hacia nuevos horizontes.

La curiosidad incita a la exploración física y mental. Haber perdido la capacidad de asombro es característico de las personas rígidas y dogmáticas.

La capacidad de asombro permite cierta flexibilidad de juicio y preguntarse sin tener certezas de antemano. Qué difícil serían las guerras si quisiéramos conocer a los otros, si admitiéramos no saber de ellos.

El asombro expande hacia lo nuevo, hacia lo inédito y nos vuelve creativos; conecta con el entorno y con el yo profundo. Curiosear es aproximarse a estímulos e interesarse por ellos.

Sobre el interés dice Fredrickson:

> Algo nuevo o distinto llama tu atención y te llena de una sensación de posibilidad o misterio. A diferencia de la alegría o la serenidad, el interés requiere esfuerzo y más atención de tu parte. Sientes una fascinación tremenda, un impulso de explorar, de sumergirte en lo que acabas de descubrir; como cuando ves un nuevo camino en el bosque y quieres averiguar adónde lleva, o cuando detectas una nueva serie de retos que te permiten

fortalecer tus habilidades, ya sea en la cocina, el juego o el baile...[17].

La curiosidad estimula el desarrollo en los niños cuando les damos mensajes positivos sobre el conocimiento y fomentamos la capacidad exploratoria. Querer saber empuja más allá de los límites a modificar las cosas, a involucrarse con uno, con las acciones y con los demás.

El interés conecta con la vida y amplía los horizontes cognitivos desde la curiosidad. El deseo de saber, aprender y explorar lleva a planificar cosas tan variadas como la educación sexual o la construcción de un edificio, a saber distintas materias y disciplinas.

El paciente con trastorno de pánico, fobia social o depresión enfatiza el miedo intenso, las sensaciones de vergüenza y crítica, el desánimo y el dolor anímico. Esto cierra la conciencia a estímulos nuevos. El pensamiento se cierra cuando desbordan las tendencias negativas de la mente.

La curiosidad y el interés abren a la comprensión de experiencias e impulsan hacia adelante. La curiosidad interesa por objetos y situaciones nuevas.

---

17. Fredrickson, Barbara, *Vida Positiva*, Editorial Norma, Bogotá, 2009, pág. 57.

La ternura

Sobre la ternura se ha escrito en psicología menos que sobre otras emociones. Un extraño designio hace que no se la ubique junto al resto de las emociones. Se asocia exclusivamente con las mujeres en el contacto con los niños y se perfila por fuera de la ciencia.

Frecuentemente la ternura no se vincula al mundo de los adultos ni de los hombres. Y decir de alguien que es "tierno"[18] es incorrecto, porque ninguna emoción distingue a una persona desde el conocimiento de las emociones. Cada una de las emociones cumple su función cuando se activa en su justa medida.

Ni la ternura es el empuje más intenso a empresas y acciones, ni debe ocupar el lugar de otros sentimientos. Cada emoción sirve a un fin, y no hay una más importante que otra.

Se habla del miedo, la ira, la tristeza y los celos exponencialmente más que de la ternura, aunque también está en el diseño humano y ha servido a la evolución a ciertas conductas e intercambios familiares y privados.

Está al principio en los cuidados que la madre da a sus hijos, a partir de la alimentación y de las miradas cariñosas, del abrazo y las caricias. Las hembras de cualquier especie restriegan el

---

18. Identificar una emoción con la totalidad de la persona es incorrecto. Si digo yo soy "compasivo", "colérico", "celoso", "apasionado", "curioso", etc., es incorrecto. Responde a un uso coloquial. Mientras que, desde el conocimiento de las emociones, cada emoción se activa —o puede hacerlo— en determinados momentos y frente a determinados estímulos. Lo que vale es reconocer y expresar/sentir cada emoción acorde al momento y a la situación, sin ignorar las otras.

morro y respiran el olor de sus crías. En el humano, el aroma del bebé repercute a nivel profundo en los progenitores, de manera inconsciente.

Como emoción básica impulsa al repertorio de conductas destinadas a alimentar y cuidar durante la crianza a los niños. Es más evidente durante el tiempo de lactancia e indefensión de las criaturas.

La ternura se opone a la crueldad y a la violencia, a la criminalidad y a la deprivación emocional, al aprovechamiento, al descuido de los jóvenes y a la falta de límites que produce confusión. Un niño al que se ha mimado y atendido sin pedirle nada, al que no se le han puesto límites precisos, tendrá escaso registro de las necesidades de otros e interés por ellas. Cuando hay maltrato y aprovechamiento existe ausencia de amorosidad.

La psicóloga chilena Susana Bloch sostiene que:

> La ternura como emoción básica, primariamente tiene que ver con la sobrevivencia y cuidado del recién nacido, pero se transforma a lo largo de la vida en la emoción que llamamos afecto, amor parental, fraternal, amistad, camaradería o simpatía, conservando el mismo patrón expresivo, postural o respiratorio[19].

La autora explica que la ternura se manifiesta en expresiones corporales gestuales que involucran una respiración de baja frecuencia, regular, con espiraciones prolongadas, la actitud corporal inclinada o de aproximación, con tono relajado, lentitud de movimientos y la cabeza ligeramente ladeada. Las comisuras semi-abiertas y los párpados relajados, abiertos naturalmente, acompañan una leve sonrisa. Bloch explica un estilo o patrón

19. Bloch, Susana, *Surfeando la ola emocional*, Uqbar Editores, Santiago de Chile, 2009, pág. 66.

expresivo común, considerándola una emoción básica[20]. Podríamos agregar que en los casos más obvios se acompaña de la expresión gutural "ai", que se diferencia de otras entonaciones. Esa gestualidad se diferencia de un alarido, de un gemido o de fauces gruñonas.

La sonrisa y el tono relajado de los adultos con los niños manifiesta agrado y los conecta. Transmite la sensación inequívoca de placer por la interacción con la criatura.

El cariño de los padres es placentero, e impulsa a realizar actitudes de cuidado y protección, así como a complejos repertorios de acciones durante la crianza.

Se observa con pureza en el afecto de la madre cuando amamanta, o en los padres cuando alimentan al niño y disfrutan de verlo reír y jugar. Las manifestaciones son más gestuales y notorias cuando el bebé es pequeño, pues esta dotación emocional moviliza la alimentación, los cuidados y la crianza de la prole. Gradualmente las manifestaciones de cariño se vuelven más imperceptibles y esporádicas o subterráneas.

> Para la teoría evolucionista: *"...como el afecto es una sensación placentera, produce en general sonrisas suaves y cierto brillo en los ojos. Normalmente se siente un intenso deseo de tocar a la persona querida, y el amor se expresa por este medio con mayor claridad que por cualquier otro"*[21]. Para esta perspectiva: *"Los sentimientos*

---

20. Bloch, Susana, *Al alba de las emociones*, Uqbar Editores, Santiago de Chile, 2007, págs. 141, 143.
21. Darwin, Charles, *La expresión de las emociones*, Biblioteca Darwin, Editorial Laetoli, Pamplona, 2009, pág. 204.

llamados de ternura son difíciles de analizar, parecen estar compuestos de afecto y alegría y, especialmente, de simpatía"[22].

El psiquiatra Luis Carlos Restrepo afirma:

> Más allá de la sensiblería que estereotipa para la opinión un cierto modo de ser mujer, supuestamente afectuoso y maternal, sabemos que la vivencia de la ternura puede ser tan difícil para el varón como para la mujer, pudiendo encontrarse dureza inusitada y violencia en esta última, como también comportamientos tiernos y afectuosos en los primeros[23].

Tal como lo expresa el autor, los comportamientos de ternura se encuentran en ambos géneros; probablemente promocionados en gestos estereotipados en ellas y controversiales para la masculinidad tradicional y en el espacio público, donde no se requiere su gestualidad.

En el caso de los hombres, ninguna otra fuente más profunda llevaría a asumir un rol de proveedor sin esta emocionalidad de base, orientada hacia la protección y provisión material de los descendientes. Se ve cómo la emoción tierna antecede a la razón y a las acciones, mezclándose con ellas o estando subterránea como afecto de cuidado por los hijos pequeños.

Esta emoción subyacente explica cómo un hombre que ha esforzado una extenuante jornada, cede los frutos de su trabajo a los hijos y a la familia, como si una consigna lo llevara a actuar así. La ternura en el mundo adulto y en espacios públicos se expresa de maneras sumamente discretas, pudiendo pasar inadvertida.

---

22. Darwin, ibídem, pág. 205.
23. Restrepo, Luis Carlos, *El derecho a la ternura*, LOM Ediciones, Santiago de Chile, 1999, pág. 9.

Como emoción mezclada con otras, o subyacente, no es fácilmente reconocible. La ternura puede adquirir un tono recio y de firmeza. Llevará a las hembras de la mayoría de las especies a defender la vida de sus criaturas. Apacible junto a su cría, sacará una agresividad de segundos ante un depredador o una amenaza externa. Hemos oído por ahí: "Si tocan a mi hijo, soy como una leona". Pero el sentido último de la ternura es cuidar la vida, proteger, tratar con vitalidad, apoyar la prosperidad. Más allá de los gestos débiles o agresivos, se trata de la afectividad que lleva a cuidar amorosamente la vida y hacer que esta prospere hacia el estado adulto.

Esta emoción impulsa benevolencia y generosidad. Alguien puede ser muy egoísta y, sin embargo, parecer sonriente y confiable; o violento aunque parezca divertido y simpático. La ternura como amorosidad, no tiene sólo que ver con la gestualidad, sino con los valores que subyacen a la conducta como cuidado de uno, del otro y de la vida.

Observé la ternura como ausencia, en relaciones distantes y falta de empatía entre progenitores e hijos, como también en parejas u otros vínculos con descuido o avasallamiento. En la violencia de género no faltan caricias, besos ni pasiones. También me llamó la atención el exceso de ternura en vínculos de sobreprotección y en la falta de límites. Por ejemplo, cuando los padres dan todo a los hijos y jóvenes sin pedirles nada o sin establecer un sentido de retribución por las cosas recibidas. Ese estilo sobreprotector se confunde con ternura, cuando uno o ambos padres no ponen condiciones ni límites.

La ausencia de ternura puede disimularse con intensidad desmedida de celos, con posesividad extenuante, con erotismo y con otra afectividad que la compense. La ternura es básicamente cuidado y respeto por la singularidad, por la existencia vital.

La ternura también es autoprotección y apoya una sana autoestima. Cuidarse uno, y lo que llamamos quererse, no impide querer a los demás. Los valores como ética del cuidado y protección son básicos, y constituyen más que simple gestualidad.

La sonrisa y la caricia suave, la lentitud motora ante el bebé, el abrazo, la palmada, el brillo y las arrugas de los ojos, la profundidad del olfato..., no alcanzan para describir la ternura como elemento subyacente de la ética del cuidado.

Resumiendo: está presente como afectividad de apoyo, de registro y veneración por lo singular de la vida, más allá del rostro. No quita vigor ni fuerza a las ideas. No sustituye a ninguna emoción justamente expresada. Cada una es como un color, y este puede mezclarse con otros, dando su tinte particular. Cuando se exagera puede debilitar y hacer perder autoridad a los padres.

Un poco de ternura mejora las relaciones y el cuidado; un exceso de ternura, no. Hay pacientes que se autoagreden y descalifican de manera hipercrítica con pensamientos, que se descuidan o desarrollan conductas contrarias a la salud. Otros se desviven en la búsqueda de sensaciones.

Cuando funciona como afecto singular, nos vuelve perseverantes y seguros, atentos al cuidado amoroso y al respeto. La ternura justa no se confunde con la personalidad —ser tierno—, sino con un condimento más de la personalidad.

El orgullo

Cuando decimos que alguien es “orgulloso”, coloquialmente lo suponemos engreído o sobreestimado de sí. Será avasallante y despectivo. Probablemente narcisista. Esa actitud y la disposición que entraña son negativas.

Si en cambio referimos a un orgullo sano, este no se resume en esas actitudes avasallantes, ni se opone a la humildad o a la sencillez. Se puede ser despectivo a la vez que simpático; o bien, se puede tener modales hoscos, mientras se tiene sencillez. Tal vez exista una tendencia a confundir la bondad con los gestos sonrientes y con la simpatía.

Comprender el orgullo no es tan fácil. No porque sea negativo en sí mismo, o contrario a nuestra humanidad. Si el orgullo es exagerado, resulta un defecto de carácter, como la soberbia, el avasallamiento y el egoísmo.

Los gestos de orgullo se expresan con el tórax erguido (sacar pecho), con una sonrisa airosa y afirmativa, levantando el rostro, con la voz encendida y apertura en la mirada, como si la persona atisbara ciertos horizontes y hablara con autoridad.

Una persona que siente orgullo está lista para actuar y proyecta una imagen de seguridad.

Concuerdo con el profesor Fernández Abascal cuando dice: *"Se trata de una emoción que se refiere a la autoafirmación y reivindicación de lo que uno es, o de un grupo o colectivo al que se pertenece"*[24]. Dando a entender que hay un orgullo y validación propio y un orgullo como sentimiento colectivo.

> Michael Lewis describe el orgullo como *"una emoción que surge como consecuencia de la evaluación positiva de una acción propia. La experiencia fenomenológica de la persona que siente orgullo por algo (una acción, un pensamiento, un sentimiento que considera loables) es de alegría, de satisfacción por ello; el individuo se halla como atrapado, absorto en la acción que le hace sentirse orgulloso. Al ser un estado positivo, placentero, la persona va a tratar de reproducirlo"*[25].

> En el mismo sentido Barbara Fredrickson expresa: *"El orgullo florece tras un logro del que sales airoso; has invertido tu esfuerzo y tus capacidades y has tenido éxito. Es esa sensación agradable que experimentas cuando das los toques finales a una obra en casa, ya sea arreglar la lavadora, plantar un jardín o remodelar el dormitorio. O cuando logras algo en el colegio o en el trabajo; aprobar un examen con sobresaliente, ganar una carrera, cerrar un negocio o publicitar tus ideas. O cuando reconoces que has sido de provecho para alguien, ya sea gracias a tu ayuda, tu orientación o tu amabilidad (...) No se trata de un mérito cualquiera, sino de uno valorado socialmente. En un nivel profundo, sentimos que nuestros actos serán valorados por otros"*[26].

---

24. Fernández-Abascal, Enrique, *Disfrutar de las emociones positivas*, ob. cit., pág. 70.
25. Etxebarria Bilbao, Itziar, *"Las emociones autoconscientes positivas: el orgullo"*, en Fernández-Abascal, *Emociones Positivas*, ob. cit., pág. 170.
26. Fredrickson, ob. cit., pág. 58.

Podemos entender al orgullo como emoción saludable, ante la percepción de un logro, de una acción realizada, de un pensamiento o sentimiento tenidos. Para que un evento resuene como orgullo importa la valoración positiva de uno.

Las conductas surgen en el contexto cultural. Por ende, la valoración de los otros, en forma de estándares e interpretaciones compartidas: influyen en la percepción personal. Nuestros razonamientos, memorias, expectativas, elecciones y esquemas valóricos son influidos por valores compartidos. Las manifestaciones psicológicas se conectan a la familia y a la sociedad.

> Según Etxebarria Bilbao, *"el orgullo tiene importantes aspectos interpersonales. Estos se hallan presentes, en primer lugar, en su propio desarrollo: la aparición en el niño de unos criterios acerca de lo positivo y lo negativo, lo correcto y lo incorrecto, lo deseable y lo rechazable en la forma de comportarse es en gran medida fruto de la interiorización de los valores y las normas de su cultura. En segundo lugar, el orgullo puede considerarse una emoción "social" en cuanto que la mayor parte de las veces surge en contextos interpersonales. La importancia de la mirada y la valoración ajena en el surgimiento de las reacciones de orgullo, al igual que en las de la vergüenza, es innegable; de hecho, es dudoso que se den auténticas reacciones de orgullo en los niños hasta que estos no son capaces de apreciar las reacciones de los otros ante su conducta"*[27].

Los valores y cualidades se adquieren en el transcurso del desarrollo y en relación con los miembros de la familia, que son sujetos sociales. Las conductas y gestos del niño adquieren valor a partir de los modelos y mensajes que los padres transmiten. Las

---

27. Etxebarria Bilbao, ob. cit., pág. 168.

conductas y actitudes, formas de pensar y sentir, surgen en medio de procesos dialógicos y dinámicos, donde los otros son también modelos. Los familiares distinguen los comportamientos que merecen orgullo o vergüenza y culpa, como primeras distinciones entre lo correcto e incorrecto, entre lo esperable e indeseable. El niño aprende que por tal acción recibe aliento y aplausos de los queridos padres; y cuando actúa de manera indeseada, le espera enojo y reto.

Sentimos orgullo por un logro, al recordar nuestra intervención en el resultado valorado, y potenciamos la motivación y confianza para ir por desafíos mayores.

> A esto refiere la *Teoría de la ampliación-construcción*: *"El paisaje mental del orgullo también es expansivo; despierta sueños de éxitos mayores en terrenos semejantes: Si puedo hacer esto, tal vez pueda... abrir mi propio negocio... diseñar el jardín delantero... renovar la sala... ganarme una beca... entrar en el equipo olímpico... conseguir un ascenso... hacer algo por el mundo. Así, el orgullo alimenta la motivación a tener éxito"*[28].

Notamos fácilmente el orgullo en quien posee dones notorios como belleza, habilidades deportivas o artísticas, inteligencia, rasgos que descuellan, donaire o perfección de movimientos. Esos talentos y rasgos virtuosos se traducen como éxitos fácilmente admirables. También se festeja el orgullo en quien ha superado tiempos difíciles esforzándose, en quien ha consumado una destreza o un dominio (al perfeccionar su juego de tenis, al ganar un partido dificilísimo o haber competido al límite).

---

28. Fredrickson, *ob. cit.*, pág. 59.

Existe un orgullo más profundo que el de los resultados, el que refleja la dignidad de ser humano: orgulloso de ser uno. Esta emoción se opone a la vergüenza como humillación e inferioridad, a la culpa como autoreproche e hipercrítica. La dignidad lleva implícita una ética humanista, refuerza el valor de lo humano en cada uno. Hay pacientes que tienen dificultades para reivindicar asertivamente sus propios derechos y defender su posición ante los demás diciendo "No". Les cuesta frenar las actitudes avasallantes y egoístas de otros, o sienten que no merecen sus objetivos y logros.

Cuando uno se autotransmite mensajes de dignidad y respeto, esto genera seguridad personal, confianza y valoración de las posibilidades. El orgullo provoca disposición a lo nuevo, motivación.

El orgullo como afirmación vital es un orgullo que alienta la dignidad; puede ser integrado a las psicoterapias cuando se destaca y señala la valía singular, cuando se resaltan los mensajes y pensamientos de valor propio en relación a los otros, destacando situaciones, contextos y gestos positivos. El orgullo motiva a producir cambios realistas.

Compasión amorosa

La compasión ha sido tema de las tradiciones espirituales y de la filosofía. Sabios y pensadores han puesto este sentimiento del lado más noble del ser humano. Mientras que el conocimiento académico ha sido más remiso a estudiarlo.

Compasión es percibir y sentir con quien sufre. Arthur Schopenhauer (1788-1860) explicó que la compasión se encuentra en la base de la ética y de toda moral. Según su principio, no habría ética sin esta afectividad fundamental, que capta el sufrimiento en mí y en el otro.

La compasión está en percibir y condolerse por el padecimiento. En palabras de Schopenhauer:

> Se trata del fenómeno diario de la compasión, es decir, de la participación directa, independiente de las demás consideraciones, primero en el dolor del otro y así en el impedimento o supresión de este dolor, en lo que en última instancia consiste toda satisfacción, todo bienestar, toda felicidad. Esta compasión, únicamente, es la base real de toda justicia voluntaria y de toda caridad verdadera[29].

29. Schopenhauer, Arthur, *Los dos fundamentos de la ética. Tomo II, El fundamento dela moral*, Aguilar, Buenos Aires, 1965, pág. 143.

Frente a la percepción del sufrimiento hay dos formas de actuar. Por un lado, desear que el sufrimiento termine y no causar más daño ni dolor al existente. Por otro, una forma activa de la compasión implica intervenir y actuar solidariamente, para que el sufrimiento disminuya y aumente el bienestar. Esta segunda forma —activa— consiste en acciones concretas: gestos, palabras, ayuda, protección, entrega de tiempo, dinero u otras formas donativas que causen bienestar y transformen el malestar.

Es una actitud loable condolerse por el sufrimiento y desear que no suceda, frenarse ante el desgarro y la carencia. Coincido con Schopenhauer en que la compasión que me detiene de provocar sufrimiento y me frena ante el mismo, es su primera manifestación. La segunda forma está *"en el grado superior en que la compasión, actuando positivamente, me impulsa a la ayuda activa"*[30]. Sugiere el autor que las virtudes de la justicia y la caridad arraigan profundamente en el sentimiento de compasión.

Para el Dalai Lama, líder contemporáneo del budismo tibetano, premio Nobel de la Paz (1989): *"Existen muchas y diferentes filosofías. Sin embargo, lo que realmente importa es la compasión, el amor al prójimo, la preocupación con el sufrimiento de las otras personas y la disminución del egoísmo"*[31].

Parecido a lo expresado por Schopenhauer, el Dalai Lama también dice: *"Hay dos tipos de compasión. Una es apenas el anhelo de que los seres sensibles no padezcan sufrimientos. La otra es más poderosa: consiste en asumir la responsabilidad de liberarlos del sufrimiento"*[32].

---

30. Schopenhauer, ibídem, pág. 148.
31. Dalai Lama, *El poder de la compasión*, Longseller, Buenos Aires, 2009, pág. 30.
32. Dalai Lama, ibídem, pág. 61.

La compasión pasiva nos detiene ante el sufrimiento, la carencia y el mal en otro, para no aumentarlo. En su forma activa, impulsa actos de ayuda generosa y la provocación intencional del bienestar ("hacer... para que el sufrimiento disminuya"). Quien obra con generosidad, está siendo compasivo.

En la acción bondadosa se realiza una acción compasiva, al sentir la cancelación del sufrimiento o su disminución en quien se ayuda.

Dicho esto, a veces confundimos la simpatía del buen ciudadano, la cordialidad del hombre feliz, con generosidad y bondad auténtica. Esta confusión entre simpatía y generosidad lleva a la sorpresa, cuando la cordialidad o la simpatía encubren mezquindad y avaricia. El perverso carece de sensibilidad por el sufrimiento, mientras que puede mostrarse verdaderamente simpático.

Dentro de la psicología, la falta de compasión amorosa se nota como autocharlas —diálogos interiores— sobre los errores y defectos. La dureza se produce en mensajes críticos que la persona se autotransmite. Una conciencia hipercrítica provoca vergüenza y culpa al extremo. La falta de compasión amorosa socava la autoestima.

La profesora Kristin Neff advierte que en nuestra sociedad somos muy duros con nosotros mismos cuando cometemos errores o ante las carencias. Bajo la forma inadvertida de diálogos interiores —autocharlas, rumiación mental—, proferimos palabras de crítica y desprecio. Una persona que no controla su ingesta compulsiva, se dirá "soy un desastre", "comí como un cerdo", "nunca lo lograré". Tales frases, en vez de ayudar, sostendrán la obesidad y la ingesta desregulada desmotivando, en vez de motivar al cambio.

Según Neff:

> La compasión, entonces, implica reconocer y ver claramente el sufrimiento de los demás. También significa sentir bondad

> hacia los que sufren, y así surge el deseo de ayudar (de aliviar el sufrimiento). (...) La compasión hacia uno mismo, por definición, tiene las mismas cualidades. En primer lugar, requiere que tomemos conciencia del propio sufrimiento. (...) Como verás, la compasión hacia uno mismo consiste en desear salud y bienestar, y conduce a un comportamiento proactivo (en lugar de pasivo) para mejorar la situación personal"[33].

La compasión amorosa hacia uno lleva a brindarse afecto y consuelo incondicional, aceptando las experiencias difíciles, evitando conductas autodestructivas y fomentando estados positivos y de bienestar. Nos hace aceptar el sufrimiento que provocan las emociones negativas, los yerros y errores, los pensamientos excesivos; además estimula y compromete al cambio.

Los autoreproches y la hipercrítica aumentan la angustia y la ansiedad que se generaliza, los miedos, la dependencia a sustancias, la depresión a partir de los pensamientos automáticos y sesgados negativamente, el descuido personal y la autoagresión.

> *"La bondad hacia uno mismo, por definición, consiste en dejar de juzgarse y de emitir comentarios internos denigrantes, algo que la mayoría de nosotros llegamos a considerar normal. Requiere que entendamos nuestros puntos débiles y nuestros fracasos en lugar de condenarlos. (...) La bondad, no obstante, implica algo más que dejar de juzgarnos. Consiste en consolarnos activamente, respondiendo tal como lo haríamos ante un buen amigo con dificultades. Significa que nos demos permiso para conmovernos emocionalmente ante nuestro propio dolor y que hagamos un alto para decir: 'La situación es muy difícil. ¿Cómo puedo cuidarme y consolarme en*

33. Neff, Kristin, *Sé amable contigo mismo*, Oniro, España, 2012, págs. 20 a 22.

este momento?'. Con la bondad hacia nosotros mismos apaciguamos nuestra mente atormentada. Nos regalamos paz, calor, amabilidad y empatía a nosotros mismos para que pueda producirse una auténtica curación"[34], concluye Neff.

La compasión como emoción positiva ("sanante"[35]) aporta confianza, seguridad y calma, disminuye los estados de turbulencia, cuando las cosas no salen, cuando sufrimos una pérdida o frustración. La compasión dirigida hacia uno sirve para motivarse y valorar lo positivo de las circunstancias, también para sostenerse en momentos duros.

Los sentimientos de compasión conectan con los demás y con uno, nos vuelven solidarios y alentadores. La compasión está en el profundo respeto por la singularidad humana. Aproxima en actitudes de apoyo y solidaridad. El placer que incita la compasión anticipa que el sufrimiento puede disminuir.

34. Neff, íbidem, pág. 52.

35. "Sanante" puede tomarse como un neologismo, o una palabra de uso no habitual, que vincula fuertemente este grupo de emociones y tendencias afectivas con la salud y el bienestar.

Alegría

Si pensamos en la imagen que tenemos de la felicidad, viene a la mente una cara redonda y una sonrisa expandida. Pero la alegría es más que eso. Por un lado, hay distintas risas. Por otro, la risa es un reflejo del ánimo.

Fredrickson dice:

> La alegría es radiante y ligera. Los colores parecen más vivos. Caminas con brío, y tu rostro se ilumina con una sonrisa y un brillo interior. No quieres perderte ni un solo detalle. Sientes ganas de jugar, de saltar y de involucrarte[36].

Cuando uno está contento y de jolgorio, hay movimientos desordenados y sin finalidad, se habla rápida y entonadamente. Un equipo de fútbol ha ganado un partido difícil. Los jugadores llegan al vestuario, saltan y agitan las remeras, canturrean con la voz en cuello. Festejan hasta quedar exhaustos.

Según la psicología positiva: "*La alegría es una emoción caracterizada por un sentimiento positivo que surge en respuesta a conseguir alguna meta u objetivo deseado o cuando se experimenta una atenuación en un estado de malestar*"[37].

---

36. Fredrickson, *ob. cit.*, pág. 54.
37. Fernández-Abascal, Enrique y Martín Díaz, María Dolores, "*La alegría y la felicidad*" (cap. 5), en Fernández Abascal, *Emociones positivas*, ob. cit., pág. 105.

La sonrisa del niño tiene repercusión en los adultos, aproximándolos a interactuar. Los grandes sienten la risa del bebé como agrado inexplicable. Este placer los acerca y lleva a que lo cuiden.

Captamos un rostro sonriente como simpatía, sentimiento del que presuponemos buenas intenciones. La sonrisa social promueve confianza y cercanía. Diremos de quien nos ha hecho reír con ganas, que nos cayó bien y queremos tenerlo cerca o hacer cosas juntos.

Las carcajadas se hallan en el centro del banquete y de la tertulia. En las fogatas se observan los rostros festivos, cuyo resplandor predispone al diálogo, a descansar el ánimo y reunirse. La alegría motiva a la reunión y a trabajar en equipo. Genera un clima especial.

Cada vez que se comienza una interacción social, la sonrisa genera apertura e interés. Tal vez esta emoción afecta la conexión más que otras. Nos acerca a las personas fácilmente y tiene una impronta profunda.

La sonrisa abre puertas y derriba muros, cuando contagia alegría y auténtica confianza.

Con qué palabras más justas se diría:

Una función fundamental de la alegría consiste en favorecer la relación interpersonal, influyendo sobre los demás, favoreciendo la diversión, permitiendo mostrar el afecto o estima que se siente por alguien y suavizando las eventuales tensiones que con frecuencia se generan en el ambiente interpersonal[38].

38. Fernández-Abascal y Martín Díaz, ibídem, pág. 108.

La alegría impulsa a seguir adelante, a cooperar y disfrutar, a ser empáticos, a expandir y afiliarse, a inventar y aprender, a la reunión, a ir por objetivos valiosos, a confiar. La sonrisa y la risa también refuerzan el estado anímico recursivamente.

A un paciente que sufre por un trastorno mental, lo suponemos disminuido en su bienestar. Pero salud no es igual a alegría. La alegría es una de sus manifestaciones. En la vida también hay momentos de frustración, de temor, de rabia, de sensación de injusticia, de incertidumbre, de sufrimiento. Las emociones positivas promueven la salud y nos vuelven resilientes a las situaciones difíciles.

Los amantes quieren reír juntos. Los competidores gritan y levantan los puños al cielo. Qué no haría un depresivo por sentir esa luminosidad en su pecho; qué le resulta más lejano a su estado anímico. Y sabemos que la depresión es uno de los desórdenes psicológicos más frecuentes y perturbadores.

Alegría es la emoción positiva de la que más creemos saber, aunque no se ha estudiado con el rigor y frecuencia que se le ha destinado a otras emociones.

Sexualidad y erotismo

La sexualidad es más que excitación y deseo. Supera al placer y a la sensación de atracción. Es multifactorial e incluye las pasiones eróticas. Elementos culturales, idiosincráticos, fisiológicos, climáticos y reproductivos moldean las expresiones del deseo sexual. Las sensaciones de placer se asientan y fluyen desde el cuerpo junto a los significados e ideas de la persona.

Supera la vivencia y la fantasía, la seducción, la consumación coital u otras expresiones físicas. La sexualidad parte del deseo, mezclándose con los discursos sociales y costumbres. La educación influye en su realización. Es terreno amoroso y potencialmente impulso reproductivo.

Presentándola como fenómeno complejo y múltiple, la refiero en este contexto como activación emocional, atracción erótica y deseo, destacando la parte sensorial positiva de la respuesta sexual.

Las fantasías y el placer sexual son emoción positiva, búsqueda sensorial y deseo de otro. Como impulso amoroso, la sexualidad motiva las relaciones de pareja y se integra al amor. Es también corporalidad, ya que la satisfacción amorosa se expresa desde el cuerpo.

La excitación erótica aspira al placer y a la gratificación del encuentro. El deseo y las fantasías llevan a la proximidad, a desear más, al beso, a las miradas fogosas, a la penetración. El deseo se realimenta y potencia por fantasías y representaciones del otro, resuena en el jadeo, en el tacto y roces de la piel, en las miradas y tonalidades de la voz. Las parejas comentan que las relaciones sexuales son importantes cuando consolidan la intimidad.

La excitación sensual tienen bases orgánicas comunes, pero las conductas y modos de satisfacción varían de persona a persona. Como las demás emociones positivas, tiende a repertorios y expresiones variados e influidos fuertemente por factores intersubjetivos.

Sigmund Freud dice respecto a la insuficiencia del placer sexual como soporte de los vínculos amorosos, *"El amor sensual está destinado a extinguirse con la satisfacción; para perdurar tiene que encontrarse mezclado desde el comienzo con componentes puramente tiernos, vale decir, de meta inhibida, o sufrir un cambio en ese sentido"*[39].

Los placeres arraigan en el cuerpo y en la fantasía como imperio de la naturaleza y de la psiquis. Los animales copulan para reproducirse y repiten ritmos y secuencias prefijadas de conductas instintivas. En el humano, el erotismo y el amor se diferencian de su base corporal, multiplicándose, y son tallados por valores y significados en las relaciones.

Octavio Paz, premio Nobel de literatura, diferencia el sexo del erotismo como invención y fantasía, y del amor, forma trasfigurada y sublime del cuerpo en la intimidad:

> El erotismo no es mera sexualidad animal: es ceremonia, representación. El erotismo es sexualidad transfigurada: metáfora. El agente que mueve lo mismo al acto erótico que al poético es la imaginación. Es la potencia que transfigura al sexo en ceremonia y rito, al lenguaje en ritmo y metáfora[40].

---

39. Freud, Sigmund, "*Psicología de las masas y análisis del yo*", en Sigmund Freud, *Obras completas, tomo XVIII,* Amorrortu Editores, 1921, pág. 109.
40. Paz, Octavio, *La llama doble*, Seix Barral, Barcelona, 2010, pág.12.

Paz afirma que erotismo es diferente de la mera sexualidad, de la cópula reglada por ritmos y ciclos naturales. La seducción y la búsqueda de placer están más allá de la procreación e incluso, más allá de la satisfacción sexo-genital. El erotismo es imaginación y metáfora. En el enamoramiento, la pasión sexual y la libido arraigan en el cuerpo biológico, pero la excitación simple se transfigura en el deseo y en el amor, siendo motivada por la imaginación.

Sobre la base del sexo y del impulso sexual, el escritor mexicano reflexiona sobre el erotismo y el amor:

> El erotismo es la dimensión humana de la sexualidad, aquello que la imaginación añade a la naturaleza. Un ejemplo: la copulación frente a frente, en la que los dos participantes se miran a los ojos, es una invención humana y no es practicada por ninguno de los mamíferos. El amor es individual o, más exactamente, interpersonal: queremos únicamente a una persona y le pedimos a esa persona que nos quiera con el mismo afecto exclusivo[41].

El erotismo es, como dice el autor, “ante todo y sobre todo sed de otredad”, ya que la ganancia de placer es motivada por la presencia de un “tú”, una otredad, que excita al deseo. Un ser diferente de mí, que causa deseo.

El erotismo y el amor son abordados por la antropología, la literatura, la medicina, las ciencias sociales, los medios, las religiones, la biología, la terapia sexual, el psicoanálisis, el arte. La sexualidad es manifestación discursiva de quienes nos preceden, de otros con quienes nos relacionamos, influyendo, a su vez, en la intimidad expresiva.

El deseo erótico impulsa —al igual que otras emociones positivas— apertura y motivación, conductas variadas y flexibles.

---

41. Paz, ibídem, pág. 118.

La atracción y el deseo en la pareja son motivo de placer y de unión desde lo afectivo.

El valor del erotismo es contrario al bienestar si la satisfacción enceguece e impide frenar una relación violenta, de aprovechamiento o destrato. Esto sucede cuando el refuerzo de la atracción es tan intenso que liga a una relación de maltrato o indiferencia.

La satisfacción amorosa realimenta la aproximación, el deseo y el afecto, reforzando los sentimientos de la pareja. Afín a su importancia, *"parece claro que el enamoramiento es la forma de relación que produce una intensa sensación de satisfacción y plenitud, es uno de los acontecimientos vitales que se valora de modo más positivo. Se considera el amor como una de las experiencias supremas y más deseables de la vida humana. La relación de pareja o matrimonio se caracteriza por ser la de mayor intimidad tanto psicológica como física, aquella en la que se comunica y comparte más información privada y que implica un gran compromiso y una fuerte inversión de tiempo, esfuerzo y también dinero. Además de intimidad sexual, en ella se dan un intenso grado de confianza, cariño y preocupación mutua"*[42].

El erotismo está influido por valores familiares y culturales. Lleva la marca de una apropiación y emergencia social, tiene múltiples atravesamientos del entorno y es llama y caricia, palabra y cuerpo, símbolo y aliento.

La emoción erótica es placentera y agradable, vincula y mueve hacia el amor, subyace al cortejo y a la poesía romántica.

---

42. Javaloy Mazón, Federico; Páez Rovira, Darío y Rodríguez Carballiera, Álvaro, "*Felicidad y relaciones interpersonales*" (cap. 14), en Fernández-Abascal, *Emociones positivas*, ob. cit. pág. 297.

Optimismo y esperanza

"No fracasé, solo descubrí 999 maneras de cómo no hacer una lamparita", dijo Thomas Edison.

Martin Seligman diferencia a los pesimistas de los optimistas. A unos y a otros les pasan las mismas cosas, pero unos y otros reaccionan y sufren distinto. Se diferencian en su forma de explicar los acontecimientos y de reaccionar frente a ellos.

A la mayoría de los seres humanos nos tocan acontecimientos que causan sufrimiento. Pero no todos sufrimos igual. Cuando suceden derrotas y frustraciones, hechos devastadores y pérdidas, los pesimistas y los optimistas miran distinto la realidad y organizan la información de modo diferente.

El optimismo es más que repetirse frases como "No pasa nada", "El dolor no duele". Negar el sufrimiento es como tapar el sol con la mano. Quien está dolido por una pérdida o por una adversidad, deberá posicionarse y luego continuar, o bajar los brazos y entregarse. Una vida que aspira al bienestar y a consecuencias favorables no excluye situaciones de angustia o de ansiedad.

Un optimismo ilusorio, un vivir ahora sin proyección realista, descuidando las cosas que suceden, desestima las complejidades y los factores que influyen sobre el presente y el porvenir. Lanzarse al río sin salvavidas, manejar en estado de ebriedad, invertir de forma quimérica, confiar ciegamente en una pareja egoísta o violenta o desoír la realidad, no son buenas opciones. Quien se dice ciegamente que nada va a pasar, no está siendo optimista.

Siempre nos encontramos con la realidad, mediada por nuestras percepciones y pensamientos.

El pesimismo y el optimismo se cultivan. Dependen de cómo se razona y de la actitud al afrontar las adversidades y posicionarse ante ellas.

Para Seligman, *"las personas optimistas tienden a interpretar que sus problemas son pasajeros, controlables y propios de la situación. Las personas pesimistas, por el contrario, creen que sus problemas durarán siempre, socavarán todo lo que hagan y que no podrán controlarlos"*[43].

Esta triple valoración —que las adversidades pasarán, que no contaminarán toda la realidad y que se deben a causas específicas— determina la actitud optimista.

Por ejemplo, una estudiante de contabilidad, que llamaremos Carolina, rindió una de sus últimas materias y reprobó el examen. Por si fuera poco, había reprobado otros exámenes anteriores. Sintió enorme frustración, rabia y angustia. Al día siguiente cambió su mirada y se dijo: "No importa, lo rendiré de vuelta así como rendí otros. Estudiaré más y voy a aprobar. En algún momento aprobaré. Después de todo, otros aprobaron, empezaré a estudiar antes. Y si no aprobara, no me impedirá ser feliz".

Carolina no personalizó la situación, ni la consideró únicamente suya, —al estilo de "todo me pasa a mí", "soy un desastre"—, sino un hecho indeseable que le había sucedido. Se observa que no personalizó el examen reprobado, ni le adjudicó consecuencias tremendas sobre otros eventos, ni lo eternizó en su mente, —al estilo "todo me irá mal y la situación no cambiará"—. Al centrarse puntualmente en el suceso, no atribuyéndole repercusión más general, y al centrarse en el esfuerzo para superarlo aumentó su motivación para afrontar la difícil prueba. No se quedó rumiando

43. Seligman, Martin, *La auténtica felicidad,* Ediciones B, Barcelona, 2006, pág. 29.

sobre lo calamitoso del resultado. Simplemente, se enfocó en las acciones reparadoras.

El optimismo es útil para buscar logros académicos, laborales, deportivos, relacionales, para levantarse ante los sucesos negativos y salir adelante. Esa actitud lleva a perseverar hacia objetivos e influye en el estado de ánimo más allá del momento.

> Es característica definitoria de los pesimistas que se inclinen a pensar que lo desagradable durará siempre, o por lo menos muchísimo, socavarán cuanto se propongan hacer y será por su culpa. Los optimistas, que deben enfrentarse con los mismos golpes de este mundo, piensan de manera completamente opuesta. Tienden a pensar que la derrota es solo un contratiempo pasajero, que sus problemas se reducen a esa única circunstancia. Los optimistas no atribuyen los contratiempos a su propia culpa, sino que los achacan a la mala suerte, los provocan otros o sencillamente suceden. Esas personas no se desconciertan frente a la derrota. Enfrentados a un problema, perciben que allí se les presenta un reto y lo intentan otra vez con más energía[44].

Podemos tomar otro ejemplo de alguien que llamaremos José y representa lo que sucede a la mayoría de los pacientes obesos. José pesa 140 kilos y sufre sus conductas alimentarias compulsivas que sostienen su problema. José siente que la obesidad está más allá de su control ("No lo puedo manejar; no me doy cuenta de lo que como y no puedo hacer nada para controlarlo"). Siempre tuvo complejos a raíz de su gordura en áreas sociales, laborales y deportivas. A este malestar se han sumado elevados valores de

---

44. Seligman, Martin, *Aprenda optimismo*, DE BOLSILLO, Buenos Aires, 2012, pág. 17.

colesterol, diabetes, cefaleas crónicas y dolores posturales y articulares y su cardiólogo lo ha ultimado a bajar de peso. Su estilo cognitivo y las conductas alimentarias retroalimentan y agravan la situación. No por casualidad, la obesidad requiere un tratamiento multifactorial e interdisciplinario, donde la actitud y las creencias psicológicas ocupan un lugar clave.

José ha iniciado un nuevo tratamiento. Sin embargo, se encontró otra vez frente a la ingesta de alimentos y no pudo con los atracones. Comenzó con pizza, facturas y helado, continuó con ingestas a repetición, luego confirmó lo inmanejable de su problema. Realimentar su frustración con pesimismo lo llevó recursivamente a comer más y abandonar por tiempo indeterminado el plan alimentario.

Otro paciente que llamaremos Luis, también sufre obesidad, pero piensa que haber comido en exceso no debe arrastrarlo a comer compulsivamente, que debe enfocar en sus objetivos la próxima vez. Al salirse del plan alimentario, Luis lo tomó como un nuevo desafío, y se dijo con fuerza: "Un tropezón no es caída, ni indica algo definitivo". Mientras José se decía frases desmoralizantes: "Soy un gordo intratable", "no puedo y jamás lo lograré"; Luis se focalizó en la situación y en sus objetivos: "Ya lograré mejorar, me ajustaré nuevamente al plan", "fue simplemente un error, y no debe arrastrarme a otros errores", "deseo lograr el objetivo y lo conseguiré". Acá vemos cómo el pesimismo u optimismo condicionan el tratamiento de una misma problemática.

Desde la psicología positiva, el pesimismo —como estilo de atribución negativa— induce a inercia, a falta de iniciativa y de voluntad frente a las adversidades y a perpetuar los fracasos. El pesimismo realimenta el ánimo con tristeza, falta de voluntad, angustia, rabia, ansiedad, impotencia, desesperanza.

Los pesimistas creen, de base, que los sucesos negativos durarán siempre. Estas personas impregnan con negatividad distintas áreas de su vida y se culpan por desgracias y contratiempos. El autorreproche y la crítica extenuante son clásicos inductores del pesimismo.

En cambio, los optimistas consideran lo negativo como pasajero, de repercusión limitada y de causas específicas. Quien tiene un estilo optimista, luchará para resolver los problemas y conseguir sus metas. Verá una luz al final del camino o se fijará más en la mitad del vaso lleno. Cuando empleamos pensamientos optimistas, tenemos recursos para salir adelante. El optimismo causa apertura y empuja a superarnos creativamente. Como emocionalidad positiva, abre la conciencia y compromete al cambio.

En la depresión, el pesimismo realimenta pensamientos culposos, derrotistas y autofrustrantes. A partir del optimismo podemos valorar en perspectiva las cosas, lo que "uno es", lo que hay en los demás de positivo, lo que puede ocurrir.

Un optimismo moderado favorece la percepción realista de los hechos: múltiples, fuentes de sufrimiento y de gozo. El optimismo realista no niega la fatalidad ni el sufrimiento que existe, pero no lo potencia, lo perpetúa ni lo lleva al descuido; sino al esfuerzo por "cambiar lo que se puede cambiar y aceptar lo que es inmodificable". Se parece a lo que el Santo le decía A Dios: "Dame fuerzas para cambiar las cosas que puedo cambiar, la aceptación para las que deba aceptar. Y la sabiduría para no confundir uno y lo otro".

Si creyéramos, en psicoterapia, que el futuro ya está determinado por el pasado, o que no hay margen para obrar desde el presente y ser protagonista de la creatividad y de potenciar los recursos, los psicólogos y psiquiatras observaríamos las quejas y no creeríamos en la capacidad para superar problemas y situaciones dramáticas, ni en potenciar el sano entendimiento y las actitudes del paciente o la regulación de emociones.

El optimismo está en creer que el futuro será mejor o que algo bueno pasará, e impulsa a hacer cosas nuevas para que eso pase.

Un pesimismo extremo rebaja a la persona de sus facultades y de sus capacidades. Caerá más veces y más hondo el pesimista que el optimista. Un pesimismo moderado, en cambio, es útil cuando se evalúan riesgos y capacidades para afrontarlos de modo realista.

El optimismo es una manera de organizar las percepciones sobre los sucesos. El pesimismo puede moderarse o corregirse. Ambos son decisivos para la salud y el bienestar. Como rasgo psicológico y configuración de esquemas de pensamiento, el optimismo resulta útil para inventar, explorar y aprender. Es indispensable para perseguir metas y superar las desgracias.

La esperanza se potencia con el optimismo. Esta cualidad fomenta la salud, cuando aumenta nuestra valía y una mirada airosa del futuro.

CAPÍTULO 3

Cómo promoverlas

Cada una de las emociones existe como potencialidad en el repertorio expresivo. Partiendo de esta base, entendemos sus manifestaciones de acuerdo con las experiencias, los modelos y las expectativas sobre cada emoción.

Las emociones positivas tienen su función y sirven al desarrollo de recursos y de capacidades cognitivas, así como al intercambio y a la cooperación con otros.

Integrarlas intencionalmente potencia los recursos, fomenta el bienestar y la superación personal. Sentirlas es más que sentirse bien, sin confundirlas con simples sensaciones por resultados inmediatos. Llevan a interactuar y desplegar las máximas capacidades y el desarrollo personal.

Cuando una emoción se repite e irradia fluidamente, es decir, cuando se responde ágilmente a partir de ella, parece un rasgo de carácter. Pero cada emoción es una respuesta temporal, que dura minutos u horas, y predispone a ciertos significados y actitudes. Su duración e intensidad depende de la vigencia y del valor del estímulo que la activó, además del significado personal.

Una respuesta emocional depende de distintas variables. La interpretación personal de la situación que la activa y los diálogos internos influyen en su intensidad y permanencia. Factores como el estrés, el entorno, las expectativas y las valencias dadas al estímulo o a la situación, los estados de salud y la enfermedad, el sueño y el descanso, la activación corporal por actividad física, hacen de la respuesta emocional un estado único.

Si bien están en el diseño psicológico y actúan como potencialidad, podremos contactarnos mejor con ellas y activarlas con mayor conciencia[45]. En los apartados que siguen compartiré algunas reflexiones para promover las emociones positivas.

45. Los ejercicios propuestos en las páginas que siguen no sustituyen ningún tratamiento profesional en curso u otro por realizar. Tampoco las estrategias y creatividad que el profesional integra al mismo; ni los usos espontáneos que las personas hacemos de las emociones positivas. Sugiero que el lector no restrinja su juicio crítico y consulte con los profesionales de su confianza, toda vez que considere esta perspectiva y la valía de estas emociones.

Observar, identificar y distinguir

TE PROPONGO:

Elige un momento del día en que te encuentres tranquilo, no realizando una actividad. Puedes sentarte en una silla o sillón confortable, procurando que el ruido de la habitación sea tenue y facilite un silencio agradable. Escucha sin juzgar la respiración o cualquier sonido del cuerpo y presta atención a las sensaciones físicas y a tu estado de calma. Sin ser excluyente, puedes cerrar los ojos, si favorece tu concentración.

Piensa en una situación en la que sientas fácilmente una de las emociones positivas. Trata de enfocarte en ella, cuidando que la respiración sea pausada y puedas atender a ella, a tu postura quieta y elevada.

Recordemos para empezar que se trata de coraje y firmeza, serenidad y calma, diversión, sensación lúdica y fluir con el juego, agradecimiento, curiosidad y asombro, ternura, orgullo, compasión, alegría y humorismo, erotismo y sensualidad, optimismo y esperanza.

Identifica una de ellas. Un día puedes hacer este ejercicio de identificación y observación con una emoción y otro día con otra, para distinguirlas bien.

Tomemos, por ejemplo, la sensación lúdica. Piensa en una situación en que tú mismo o los demás se dejan poseer y fluyen con un juego o la realización de un deporte. Observa lentamente en ti mismo o en aquellas personas cómo brota la genuina capacidad de juego y el efecto que produce en el estado de ánimo. Puedes imaginarte lo que siente un basquetbolista totalmente compenetrado en el partido o durante los entrenamientos y lo que has sentido al practicar ese u otro juego sin ser necesariamente un deportista profesional.

Imagina a veintidós jugadores de fútbol, más los equipos técnicos y miles de hombres en las tribunas y frente a sus televisores, totalmente atentos al movimiento del balón, corriendo tras él, y dando todas sus fuerzas en el juego, valorando al máximo las habilidades para gambetear a los competidores. Cuando uno de los jugadores patea la esfera dentro del arco rival, corren eufóricos para gritar el gol. Van a abrazarse con los suplentes, las tribunas entonan cantos y ovaciones..., notarás la sensación que se agita en tu pecho, cuando el juego y el equipo son afines a vos.

Puedes hacer la misma visualización u observación en tiempo presente sobre otros juegos. Si no se trata de juegos competitivos como los deportes, sino de actividades recreativas, las sensaciones también fluyen al realizarlas. El espíritu lúdico y juguetón se siente como diversión y entretenimiento, concentración y gusto por estar en el momento presente haciendo esa actividad.

La capacidad infantil de jugar es antecedente del juego deportivo y de otras actividades recreativas, sin esperar a la psicología para expresarse.

Imagina a dos niñitos jugando en el arenero, con sus palas y baldes, llenando y llenándose el rostro de elementos naturales. Puedes distinguir el correteo de los niños jugando a las escondidas, a la mancha, en bicicletas e innumerables juegos que son, por su parte, transculturales, aunque dependen de la cultura específica. Observa la imagen mental de otros o de vos mismo en la situación y distingue atentamente las sensaciones de placer y distensión al hacer tus actividades preferidas, tus hobbies o deportes.

Estás recreando en tu mente por medio de la imaginación estas sensaciones agradables.

Mientras que hay adultos que no juegan desde niños o escasean en esta capacidad, la persona sana guarda momentos de recreo, para practicar sus deportes o fluir con sus hobbies. Esas actividades nuclean intereses salugénicos y recursos para el bienestar[46].

Cuando juegas estás realizando una actividad de pleno valor y su efecto se expande, no sólo sobre tu placer inmediato sino posterior. Se trata de una energía sana que mitiga el estrés y da esparcimiento, fortalece lazos e intercambios valiosos.

En toda sociedad hay espacios para el festejo y el juego, para la diversión a través de la musicalidad y los colores. Sin ellos la vida sería plana y descolorida.

Haz una lista de al menos cuatro emociones positivas que puedas ACTIVAR y necesites tener presentes. Es importante que las visualices en momentos de calma, para que cuando tengas que traerlas a momentos más tensos, vengan a tu mente de manera natural y positiva.

Debes observarte cuando logres identificar emociones que no te hacen bien, y distinguir con cuales podrías reemplazarlas. Cuando las elijas y valores su importancia, además de tener en cuenta las sensaciones de placer que provocan, es conveniente que las evalúes en tu contexto o situación socio-familiar. Por ejemplo, quienes apuestan a las carreras experimentan sensaciones intensas, pero se han perdido el auto o la casa en las apuestas. Y ningún adicto a sustancias se queja del placer que producen en

46. Claramente no me refiero en este aparatado al juego compulsivo de quienes tienen adicción a apuestas de dinero. Esta debe ser tratada para recuperarse, pues lleva a la persona a consecuencias negativas alejadas del estado de salud, y merece un estudio y entendimiento específico.

su cerebro, pero tiene repercusiones en su vida que no son nada buenas. A esto me refiero con valorarlas en el entorno de tu vida.

Identificarlas y darles su valor es inteligente. Esto no significa que toda emocionalidad pueda ser conducida y expresada sin ayuda: un hombre que padece eyaculación precoz puede valorar la intimidad, pero necesita estrategias y ayuda sexológica específica.

Un primer paso será identificar y observar inteligentemente las emociones que te afectan, y luego las que deseas. Posteriormente usarás tu creatividad para ampliarlas espontáneamente o usando los recursos que consideres.

Frenar la crítica rumiativa[47]

Sabes que la mente acostumbra a repetir ideas y pensamientos. Una tendencia frecuente es quedarse impregnado por el pasado u ocupar el espacio mental con situaciones por venir. Las tradiciones de sabiduría han captado ese movimiento de correrse del presente e impregnarse por sucesos pasados y preocupaciones.

Podemos graficar el rumiar o pensamiento repetitivo así. Imagínate un jarrón precioso que tiras al suelo por descuido. Esto te provoca inmensa rabia e impotencia, y te dices que deberías haberlo prevenido. Tarde o temprano, tendrás que hacer dos cosas: preguntarte qué puedes aprender para que no pase de vuelta o pase la menor cantidad de veces posible, y perdonarte y dejar de pensar en el hecho.

Quien se pone a rumiar destinará gran cantidad de tiempo a criticarse y volver —una y otra vez— a poner la atención en el suceso recordado. No sólo malogra su plenitud y descanso sino que ha instalado un mecanismo de crítica repetitiva que utilizará para medir nuevos episodios.

Partiendo de ese error es frecuente confundir la magnitud y vigencia de hechos sobre los que se rumia con su valor real. La mente hace su parte al rumiar sobre episodios provocando o aumentando el malestar. Dentro de la psicología, una autora que ha

---

47. "Rumiar" o "rumiaciones mentales" es un neologismo que se usa como expresión metafórica para destacar la predisposición de la mente a repetir ideas, una y otra vez, con dificultad para digerir y aceptar hechos dolorosos, angustiantes o imprevisibles.

denunciado este funcionamiento de las rumiaciones es la doctora Susan Noel Hoeksema.

Si la terapia pone la observación exclusivamente sobre el pasado o el funcionamiento psicológico y cae en la tendencia espontánea de enfocarse sobre lo negativo, puede estar infinidad de tiempo dando vueltas alrededor de los problemas o situaciones dolorosas y enojosas, en lugar de pasar la página o hacer algo estratégico con ellos.

Si además se incita una actitud introspectiva desmesurada y una quietud que no fomenta la imaginación y la creación de estados placenteros, en conjunto, se potencia la tendencia a las rumiaciones mentales o al pensar repetitivo. El paciente depresivo y tremendamente angustiado, que se repliega sobre el pensamiento crítico, es el clásico ejemplo: des-activa las actitudes y conductas creativas que incitan a fluir.

Como la culpa y la crítica son difíciles de manejar, otra actitud inconveniente es huir de ellas, a través de sensaciones exageradas y de consumos desmesurados.

El pensar repetitivo se expresa sutilmente en la actitud crítica extenuante. Esto pasa cuando nos juzgamos o lo hacemos con otros y ocupamos el espacio de la mente con ideas negativas y preocupantes: lo negativo que pasó y lo que puede pasar. Es frecuente que el pensamiento repetitivo adopte la forma de juicios repetitivos y severos incesantes. El juicio crítico, en parte, es necesario, mientras que su exageración genera culpa, rabia e impotencia y se expresa como angustia aumentada e indefinida.

La psicoterapia debe prevenirse de este funcionamiento mental, para no auspiciar las rumiaciones, bajo la apariencia inadvertida de sagacidad o de reflexiones imprecisas. En los momentos difíciles, las rumiaciones mentales pueden activarse ad-infinitum ampliando angustia y desconcierto.

En síntesis, "rumiar" es quedarse pensando y pensando, y dar vueltas en círculo sobre un mismo tema. Esa disposición mental es inconveniente cuando acentúa el sufrimiento o disminuye las capacidades y recursos.

Si te das cuenta de que tu mente está repitiendo una y otra vez un mismo tema y esto aumenta el malestar o te paraliza, te sugiero lo siguiente:

1. Presta atención a tus emociones y observa el mecanismo que se activa de repetición de ideas. A veces parece un "parloteo" donde reconoces tu propia voz y razonamiento continuo: "Por qué no hice tal cosa", "por qué pasó tal otra", etc. Asegúrate que detener el pensamiento rumiativo no disminuya tu capacidad de reflexionar y aprender de las experiencias.
2. Habiendo reconocido este pensar repetitivo e infructífero, trata de detenerlo o tomar distancia del mismo. Existen distintas prácticas meditativas que proponen la observación atenta y plena del fluir de conciencia, y cierta distancia del pensamiento, sin juzgar. Otras prácticas meditativas sugieren poner la mente en estado de silencio y de vacuidad, lo que requiere mayor entrenamiento.
3. Si el pensamiento rumiativo es demasiado notorio e intrusivo en tu mente y detectas claramente que pensar sobre tal o cual tema o área de tu experiencia no sirve, puedes practicar decirte "Basta" con autoridad. En este caso, cuando surgen las ideas que te incomodan frénalas con firmeza y quítales atención diciéndote con energía: "Basta". Incluso puedes elegir un momento preciso del día o de la semana para escuchar

los reclamos que esos pensamientos te hacen. Tiene que ser un momento acotado de tiempo, donde te encuentres con atención calma para oír lo que indican. Debe ser un momento o un tiempo que no consideres excesivo.

4. Para tomar distancia y no alimentar los pensamientos autocentrados en preocupaciones, observa las posibilidades a tu alrededor y analiza qué emociones positivas activar para canalizar tu energía con ellas.
5. Actúa poniendo tu energía creativa en esta posibilidad, que puede ser escribir, cocinar, salir a correr, bailar, aprender un hobby o deporte que te distraiga de tus rumiaciones y vincule con la parte creativa. Actividades que contrarresten demasiada introspección y te conecten con temas de interés y con otros.

Aumentar la conciencia plena

El despertar de cada emoción no ocurre sin el contexto, la relación e intercambio con el entorno. Sin embargo, la capacidad para sentirlas está dentro cada uno. Puede estar su potencialidad adormecida o frenada por los significados e ideas de la mente. Nuestra mente es un poderoso instrumento que nos lleva a sentir y actuar de distintas formas.

TE SUGIERO:

Adopta una posición quieta y una actitud pausada, en un lugar cómodo donde nada te distraiga y los sentidos se dispongan atentos. En el momento presente puedes recordar una oportunidad en que hayas sentido coraje y determinación o ahínco y tenacidad. Ambas emociones pueden diferenciarse sutilmente.

El coraje es el valor de los valores, nos lleva a enfrentar desafíos y situaciones difíciles. A partir de él te lanzas a una situación riesgosa o adversa confiando en tus recursos y capacidades. Los riesgos que enfrentamos habitualmente no son perder la vida o la integridad física. Se trata de peligros y situaciones riesgosas que acrecientan su intensidad y quitan fluidez. La mente tiene un papel importante al sobredimensionar las consecuencias o al limitar la eficacia de las acciones.

El ahínco —como emocionalidad positiva— es vigor que fluye en una actividad difícil y en la persecución de un logro.

En posición quieta, preferentemente sentado y cómodo, recuerda con máxima atención, una vez que dominaste una actividad o una situación, que actuaste con convicción y energía, dando lo mejor de vos en la tarea o actividad que estabas realizando. Más allá del resultado incluso: este último puede haber sido exitoso o desfavorable, pero sientes que actuaste de acuerdo con tus energías y convicciones, con coraje y ahínco. No importa siquiera si otros notaron lo que fue para ti ese momento. Puedes haber empatado una lucha de yudo con alguien que era más fuerte, o haber aprobado con una nota modesta un examen difícil.

Puedes recordar aquella materia difícil que estudiaste el doble y al principio te parecía imposible de rendir. Aquel trabajo que conseguiste luego de una serie de entrevistas y de haber buscado por varios sitios. O una situación en la que actuaste con tenacidad y perseveraste hasta dominar un arte, una destreza, una competencia o logro y, sabes que fue decisiva tu dedicación. Aquella tristeza que te postraba y a la cual desafiaste con coraje al activar recursos novedosos y facilitadores y armaste un plan de estrategias para superarla. O cuando te animaste a viajar solo, a pesar de que tus miedos y limitaciones te lo impedían. O te diste ánimos suficientes para cruzar aquel río en una embarcación o enfrentaste aquellas adversidades, pues te inscribiste en tal materia o curso. O cuando desafiaste la sensación desagradable de abstinencia al tabaco y parecía insoportable, hasta dominar su consumo. O cuando dijiste firmemente "No" a una persona o situación inconveniente y te mantuviste en las tuyas, a pesar de lo que pudiera ocurrir. O cuando te daba pavor ciertas sensaciones físicas que coincidían con un estado de pánico y, aprovechando las consultas profesionales adecuadas y el apoyo terapéutico te expandiste, superando realistamente aquellas sensaciones panicosas.

Escribe con detalle una situación en la que tu coraje te haya hecho sentir emociones positivas. Hasta el más pequeño de los momentos de aquella situación recordada reforzaran la emoción. Atesora ese recuerdo para tenerlo presente como un capital de tu historia. No olvides que la mente tiene la tendencia a focalizarse intensamente en lo negativo. Si te resulta más fácil, puedes recrear la situación detenidamente, con la mayor cantidad de detalles. Trata de guardar ese recuerdo y tenerlo presente en adelante.

Te sugiero que los recuerdos que seleccionaste te resulten vivaces y reconozcas fácilmente que son bien tuyos. Prueba con aquellos que reflejan en tu memoria episodios y sensaciones donde sentiste valor y ahínco de primera mano. No sólo estás explorando la emoción sino que la estás recreando en tu mente a partir de la memoria intencional. Como si buscaras con una linterna en una zona oscura.

Puedes realizar este mismo ejercicio con otras emociones positivas y verás que el lugar donde ponemos nuestra atención y la percepción, así como el estado actual de ánimo y los pensamientos sobre las situaciones, influye a la hora de **activar tus emociones positivas**. Te sugiero que ejercites recordar momentos gratos y placenteros de las emociones que te interesa potenciar.

Imaginar y visualizar

Las personas reaccionamos no sólo ante la presencia física de los estímulos y situaciones, sino también ante su representación mental e imaginación. Las representaciones o ideas desencadenan respuestas parecidas al momento en que ocurre. Quien siente que va a descomponerse y recrea en su mente la situación temida, o piensa que va a tener un infarto, asfixiarse y morir, se angustia como si aquello estuviera aconteciendo. El que evoca una situación injuriosa, sentirá rabia y desprecio, como si esto pasara en el presente. La intensidad y duración del enojo dependerán de los razonamientos y creencias. La influencia de la imaginación y de la mente al evocar las emociones y conductas negativas y disfuncionales se ha estudiado exhaustivamente.

Para nuestro caso, la posibilidad de influir y activar una emoción agradable mediante la imaginación y la visión mental es relativamente novedosa. Las distintas emociones se activan frente a estímulos no presentes, pero no de manera voluntaria.

TE SUGIERO:

Imagínate que alguien actuó de manera irrespetuosa o despreciativa y dile: “No acepto lo que dijiste o hiciste”. Luego a ti mismo: “Confío en mí y en mis intenciones”, “actué según mis valores”. Dicho esto, visualiza e imagínate en la situación de ser mirado o tratado de manera rebajante y adopta una actitud erguida y firme, sintiendo la respiración y mirando con firmeza. En este caso se trata de la emoción del orgullo.

Puedes imaginarte caminando en medio de un bosque con árboles muy altos y frondosos con el torso erguido, sacando levemente pecho y haciendo resoplar el aire por las fosas nasales. Puedes repetirte: "Soy único y especial", "cada persona es muy importante". Mientras sientes la respiración, visualiza tu rostro seguro e imagínate la satisfacción que captas al repetir esas frases.

Ahora detente en esa imagen y recrea otra emoción que elijas. Trata de estar quieto y con los ojos cerrados o abiertos, pero no distraído. Hagámoslo con la compasión, por ejemplo.

Partamos de una verdad esencial, tal como la han captado la mayoría de las tradiciones. Lamentablemente los seres humanos estamos expuestos al sufrimiento. Los motivos de sufrimiento resuenan en la caducidad de lo bello, que llamamos transitoriedad, así como en las pérdidas. Y existen variados motivos de malestar.

Pretender que el placer sea permanente es utópico. Cuanto más deseamos que el bienestar sea invariable, más sufrimos. Trata de practicar el ejercicio de imaginar y visualizar con esta emoción o con otra que te resulte más fácil, como puede ser la alegría.

Imagina a una persona que está sufriendo por una enfermedad o por una carencia, por la pérdida de alguien querido o por una aflicción. Detén tu mente en la postura acongojada que visualizas y observa la escena con suma atención. Piensa por un momento, al detenerte en su rostro compungido, que esa persona está sufriendo. Que esa observación no te vuelva indiferente sino que captes el sollozo o la respiración cortada. Mantén tu observación y tu cuerpo quieto unos momentos.

Ahora imagina que te sientas junto a esa persona, acercando la palma de tu mano sobre el hombro. Te inclinas frente a ella y le transmites con la mirada estas frases: "Ojalá no sufrieras y no aumente tu malestar", "siento tu pesar y deseo que estés bien". Si crees que puedes ayudarlo, ensaya en tu mente: "¿Puedo hacer algo para que no sufras o para que sufras menos?".

Este ejercicio de visualización e imaginación se inspira en legados milenarios. Consideremos que la mayoría de las tradiciones espirituales han meditado sabiamente sobre los aspectos compasivos y amorosos del ser humano.

¿Te diste cuenta de cómo un pensamiento e imagen que sostienes en tu mente crea y sostiene una emoción? En este caso la sensación compasiva y bondadosa. La activación emocional depende tanto de lo que ocurre como del pensamiento.

La compasión es un estado afectivo que valoramos transculturalmente como algo positivo. Toda sociedad alienta su valor. Y la forma más elevada y superior del estado compasivo se extiende hacia los demás. Es variable de una persona a otra y según el grupo étnico.

Quizás sea más variable que otras emociones o requiera en mayor proporción de aspectos aprendidos y culturales que de la naturaleza. No obstante, al estar presente en todos los pueblos y personas en distinta escala y al haberse impuesto como condición afectiva de la adaptación del hombre, la vemos arraigada en factores biológicos y adaptativos como la empatía y los vínculos solidarios, así como el afecto positivo compartido.

La asimilamos como emoción positiva, precisamente, porque la sensación íntima y final de toda acción humanitaria y noble es la satisfacción y agrado por responder a propósitos mayores, que resaltan la vida más allá del sufrimiento.

Se considera en todas partes un triunfo sobre la naturaleza y se enaltece su presencia en la empatía y la solidaridad. De allí que quien obró de acuerdo con un propósito bondadoso y compasivo esboza una alegría y orgullo por dicha acción. Todo acto de bondad o compasión destaca el valor primario de uno y del prójimo e implica un anhelo de bienestar y de sensación positiva.

Explorar y practicar

Interiorizar una expresividad requiere de práctica. No se da de una sola vez y para siempre. Lo que se aprende a través de los sentidos y se repite, se conserva más tiempo. Esto significa que todo aprendizaje es más que la instrucción de un mensaje: es el complemento de las ideas con la experiencia vivencial y los resultados que esperamos de aquello incorporado.

El mensaje adquiere fuerza cuando lo sentimos cercano y lo identificamos consistente. Automatizar e incorporar cualquier materia o destreza requiere la actividad periódica de entender y ejercitar. Tomemos el ejemplo de un deporte. Un futbolista practica diariamente, patea al arco, entrena su cuerpo para el juego y, recursivamente, piensa sobre la experiencia y se imagina jugadas y situaciones de partidos. Recrea en su mente lo que hizo en el terreno, y viceversa, imagina lo que hará las próximas veces. ¡Sueña que mete un gol! Sucede en la mayoría de las disciplinas: el entendimiento y la práctica se realimentan.

La acción repetida es una fuerza del hábito. Repetir acciones sensorialmente llama espontáneamente a comprenderlas. Es el caso del manejo de un automóvil: hay que incorporar innumerables veces acciones articuladas, que resultaron un repertorio de manejo. Poner la primera marcha, acelerar mientras se quita paulatinamente el embrague, etc. Girar atentamente la dirección del volante, la posición y mover el pedal de freno y el acelerador. Luego de practicar y practicar una serie de movimientos coordinados, quedan incorporados como repertorio de manejo. Cuando decimos que Juan sabe manejar vemos la parte final de un proceso complejo y preciso que se repitió innumerables veces como práctica. Tendemos a ignorar u obviar todo el proceso. Las personas captamos con más facilidad la parte de final que el proceso mismo. Por eso me gusta el refrán: "A la vuelta del tiempo todo parece muy obvio".

Llevado al plano de las emociones, el dominio o manejo de la expresividad y de las respuestas emocionales también requiere aprendizaje. De hecho, aprendemos a responder en base a los estímulos internos que nos mueven desde el interior. Al principio no somos demasiado conscientes de estas fuerzas internas, y vamos articulando las respuestas personales y las acciones a partir de la coordinación de pensamientos, sensaciones, acciones e interacciones con el entorno.

En las variadas respuestas emocionales hay un componente de práctica y repetición que nos acostumbra a determinadas respuestas más que a otras, a determinados modos más que a otros. Las ideas y razonamientos sobre las sensaciones internas influyen en la expresividad afectiva. También intervienen la imagen que nos hacemos de las actitudes emocionales a partir de observar cómo otros responden en situaciones semejantes. Todo ello se entrelazada e influye al interactuar con el contexto, respondiendo con determinadas emociones, conductas e ideas.

El elemento a veces descuidado es la práctica. Es una acción repetida para que las respuestas afectivas se incorporen y vayan moldeándose a partir de conductas exploratorias.

INTENTA ESTO:

Si deseas explorar y practicar una mente más meditativa, elige algún estilo de meditación.

Antiguamente meditar pertenecía a las tradiciones indúes, chinas u otras, que desconocíamos. En la actualidad, gracias a la multiculturalidad e intercambios entre culturas, se han difundido los beneficios de practicar regularmente la relajación inducida por el yoga y las distintas meditaciones. Estas últimas traspasaron a Occidente y se transmiten con el propósito de aquietar el ánimo y la mente. Permiten detener, observar quietamente o vaciar los pensamientos repetitivos, según sea el caso, para que ellos no arrastren el bienestar.

Se sabe que muchas meditaciones han tenido orígenes místico-religiosos. Al margen de las verdades que entrañan, las meditaciones se divulgan en contextos laicos y adquieren afinidad con la medicina del estrés, con enfoques integrativos en la psicología clínica y con la promoción del bienestar.

Practicar la serenidad a través de las meditaciones fomenta la calma y apacigua los pensamientos circulares o repetitivos. Este elemento es clave para controlar las respuestas de ira, de miedo y angustia, condicionadas por la amígdala. Sirve para tomar distancia óptima y observar los pensamientos e ideas de miedo, tristeza, angustia u otros estados dis-placenteros.

La práctica regular de la meditación enfoca la atención en la respiración y en la relajación del cuerpo. Algunas meditaciones proponen vaciar la mente de ideas y contenidos; otras, tomar distancia de la turbidez o algidez de los pensamientos repetitivos, practicar una observación ecuánime (sin juzgar) del flujo de los pensamientos.

La exploración de "la serenidad y la calma" y su práctica pueden extenderse a las demás emociones positivas. Cuando reaccionamos a partir de un estado emocional, o vemos sentir y actuar emotivamente a otros, o razonamos sobre ello, estamos aprendiendo.

Te sugiero que selecciones las emociones que son de tu interés y dirijas una parte de tu atención a ellas. Cada vez que se presentan y se activan frente a un estímulo, observa las sensaciones inminentes y posteriores, su duración e intensidad, y le modo de influir en tus pensamientos y acciones. Puedes practicar intencionalmente cada una de ellas, como si se tratara de micro experimentos, partiendo de tu mente.

Siguiendo con el ejemplo de las prácticas meditativas, una opción es elegir dentro de los estilos de yoga (ashtanga yoga, bikram yoga, bhakti yoga, hatha yoga, kundalini yoga, Iyengar yoga). Si bien las prácticas originarias parten de culturas milenarias de Oriente, llegadas al Occidente moderno, son adecuadas a contextos laicos. Se practican secuencias de movimientos y posturas corporales ("asanas") que se sincronizan con la respiración.

Dejo a tu creatividad, y te sugiero hacerlo, que elijas ciertas actividades que te permitan explorar y practicar las emociones positivas que más te interesa desarrollar.

Afirmaciones

TE SUGIERO:

Cada vez que desees reafirmar el sentido de las emociones positivas, puedes releer estas afirmaciones. Es fundamental que lo hagas de manera sumamente pausada y atenta.

Recordemos que gran parte de nuestras convicciones provienen de palabras y mensajes recibidos e intercambiados con otros. Nuestra conciencia y el razonamiento no parten del vacío. Aprendemos desde el día que nacemos, y tal vez lo hagamos siempre.

Aunque no recordemos cómo aprehendimos el primer sentido de las cosas, hemos adquirido valor y sentido al interactuar con otros mediante el lenguaje. Cada lengua sustenta un universo de palabras y de concepciones útiles.

INTENTA ESTO:

Repite estas afirmaciones en un estado de calma, cuando tu mente se halle plenamente atenta. Te sugiero que las repitas y medites de manera pausada, en un lugar en el cual te halles relajado. Si favorece el ejercicio, elige un sonido suave y relajante como fondo musical.

- La activación emocional puede durar desde momentos hasta horas.
- Hay personas más propensas a reaccionar con un estado anímico que con otro.

- La cultura y la familia junto con los valores influyen en cómo las expresamos.
- Los mensajes que recibimos, así como los modelos sociales, moldean la capacidad y el repertorio expresivo.
- El temperamento genético aumenta las probabilidades de expresar más unas emociones que otras según cada persona.
- Cada respuesta afectiva tiene un valor para la vida y para la interacción con otros.
- Cada una de las emociones tiene una función y utilidad práctica y adaptativa. Tanto las sensaciones y estados displacenteros como los placenteros.
- Las emociones placenteras conforman un grupo que tiene valencia transcultural.
- Las emociones resuenan en la propia intimidad y en los demás.
- Tanto los humanos como los animales pueden captar y resonar con la experiencia sensorial afectiva.
- La activación emocional se entrelaza con el pensamiento o la conducta, con mayor o menor predominio del pensamiento.
- El reaprendizaje de la regulación y expresividad afectiva requiere un esfuerzo intencional, entendimiento y estrategias sostenidas.
- Dentro de las emociones placenteras hay respuestas positivas primarias y otras que requieren mayor grado de educación y aprendizaje.
- La intención y los pensamientos facilitan o regulan la expresividad emocional.

- Toda emoción tiene un factor biológico primario entrelazado con pensamientos, cogniciones y evaluaciones adquiridos, que condicionan la expresividad.
- El contexto humano específico y los significados vigentes condicionan los estímulos psicológicos.
- Las expectativas de valor y consecuencia predisponen o impiden la intensidad, frecuencia y duración de un fenómeno psicológico (pensamiento, emoción, acción, actitud e intercambio, entre otros).
- Hay aspectos comunes reconocibles y resonantes transculturalmente de la activación emotiva-conductual.
- En su contexto, las emociones positivas producen en los otros aproximación, gusto y confianza.
- La resonancia de las emociones placenteras favorece el intercambio cooperativo, el encuentro y las relaciones positivas de acuerdo con la perspectiva de la psicología positiva.
- El placer de las emociones positivas es variable en su intensidad, más allá del valor de cada una.
- No hay consenso unánime en psicología y otras disciplinas sobre cuáles son exactamente las emociones positivas y qué fines aportan a la salud y a la adaptación de la persona en su medio.
- Potenciar la expresividad natural de ellas requiere del entendimiento, decisión y perseverancia, así como del testeo periódico y reflexión.
- Las emociones positivas son recursos que puedo aprender.
- Puedo pedir a las personas que me rodean que acentúen sus emociones positivas.
- El conocimiento de mis emociones positivas me conecta conmigo mismo.

- Mis emociones positivas influyen sobre los estados de ánimo.
- Desarrollar las emociones positivas favorece los intercambios con los demás.
- Puedo seleccionar recuerdos que activen mis emociones positivas.
- La incorporación de las emociones positivas mejora la influencia en otros.
- La carencia de emociones positivas es inconveniente, tanto como el exceso. Es conveniente el equilibrio de intensidad y frecuencia.
- Acepto todas mis emociones y uso las que me hacen bien y funcionan en situaciones particulares.

Reflexionar sobre el valor y la utilidad de las emociones positivas

La frecuencia, intensidad y duración de una respuesta emocional depende no sólo de la situación y estímulos externos sino de cómo pensamos sobre ellos. Esta perspectiva es clave en la psicología cognitiva. Nuestros pensamientos e interpretaciones son responsables de los estados anímicos y disturbios emocionales.

Conocemos y nos relacionamos con la realidad objetiva según nuestras interpretaciones e ideas. Frente a un hecho político, deportivo o relacional se despiertan pasiones acaloradas y multiplicidad de opiniones. Cada una de ellas motivadas y convencidas por nuestros pensamientos e ideas racionales e irracionales.

Las conductas, los sentimientos y sensaciones están mediados por las cogniciones o modos automáticos y estables de entender los hechos. Lo mismo pasa con las emociones positivas, son influidas por nuestra comprensión de ellas y por pensamientos automáticos.

TE SUGIERO:

Construye para cada emoción una o más frases que den coherencia y sustento a la aparición de emociones positivas. Estas frases deben considerar la validez y utilidad de la emoción. Te daré algunos ejemplos sobre cada emoción y te invito a que reflexiones y crees tu propia frase del valor e importancia debajo.

- La valentía permite ampliar los límites y potenciar las capacidades.
- Alentar conductas de coraje nos hace más perseverantes hacia logros y propósitos.
- La serenidad induce la calma en medio del estrés y permite moderar el miedo, la ansiedad y el enojo en momentos adversos.
- Practicar la calma no quita fuerza y determinación hacia metas y logros.
- La mente que frecuenta la calma no niega los problemas ni los pensamientos de preocupación, sólo toma distancia suficiente para no mezclarse con ellos y actuar ágilmente.
- Divertirse y jugar repara la energía que se ha consumido en tareas y obligaciones.
- La festividad y las actividades lúdicas reúnen a las personas y resuenan entre ellas; provocan sentimientos de confianza, proximidad y distracción.
- Agradecer consciente y pausadamente pone en acto la gratitud.
- La gratitud realista está en enfocar lo que se tiene o lo que se ha aprendido de una adversidad.
- La curiosidad nos permite asombrarnos de las posibilidades de estar bien o de mejorar.
- La curiosidad contrarresta el dogmatismo, la rigidez y la soberbia; también es el germen de la investigación y los descubrimientos e ideas nuevas.
- La ternura es una activación afectiva espontánea ante las criaturas pequeñas e indefensas.
- La emoción tierna se siente como cariño e inclinación placentera al cuidado y protección de los pequeños y de los seres queridos.

- El orgullo sano es igual a amor propio. No se opone al amor a otros, sino que lo complementa y potencia.
- El orgullo fomenta la dignidad personal y el valor de cada ser humano como único e irrepetible.
- La compasión tiene una forma pasiva y básica, que está en no provocar más sufrimiento al ya existente y desear que disminuya.
- La forma más evolucionada de la compasión se expresa como bondad, en toda acción o actividad humanitaria y de ayuda (incluso destinada hacia uno mismo).
- La alegría se expresa en distintas variedades y tonalidades de la risa y del ánimo chispeante.
- El humor resuena en uno y en los otros como afecto básico y auspicioso de los intercambios.
- El placer erótico y la excitación sensual es una parte de la sexualidad, que no se reduce a las condiciones culturales y creencias sobre ella, aunque su expresión varía con estas.
- El placer sensual en las parejas y entre los amantes induce una aproximación e intimidad que realimenta las relaciones amorosas y se distingue como atracción de otras emociones.
- El optimismo superador depende de la actitud con que se enfrentan las situaciones desagradables y difíciles.
- El optimismo realista no es igual a la alegría, sino a la evaluación y a la actitud con que se enfrentan acontecimientos adversos.

INTENTA ESTO:

Busca fotos tuyas o imágenes que representan tus emociones positivas y se acompañen con frases.

Si decides armar este álbum con fotos o frases acompañadas de imágenes, te sugiero que estén disponibles y te resulte agradable mirarlas así como releer las frases de valor. Este recurso didáctico permite afirmar la expresión y asimilación de cada emoción.

Practicar y disfrutar

Practicar las emociones positivas es destacarlas y ejercitarlas. Focalizar e integrarlas al repertorio de expresiones con amplitud de conciencia. Están allí desde que nacemos. La mayoría de los contactos y relaciones humanas, así como las conductas y pensamientos, son influidos por su resonancia.

A su vez, de la misma forma que gestionamos el miedo y la valentía, la tristeza y el entusiasmo, la ira y la prudencia o la compasión amorosa, se practica y perfecciona el cultivo y la expresión emocional.

Recordemos que toda expresión afectiva es una resonancia íntima con modificaciones neurofisiológicas, y se produce en intercambios con el entorno. La emoción no depende de un solo estímulo.

Cuando practicamos ciertas respuestas de manera intencional y las activamos con frecuencia, naturalizamos su presencia. Podemos focalizar y activar atentos cada una de ellas y saborearlas.

TE SUGIERO:

Registra tu cuerpo al sentir cada emoción y las consecuencias. Puedes llevar un diario de tus emociones para anotar con fecha, lo que sentiste, lo que crees y qué consecuencias tuvieron en ti y en los demás.

Realiza un gráfico de columnas en tu diario de emociones. Las columnas tienen que contener un suceso, la emoción que se despertó, la vivencia personal, las consecuencias en el entorno, la posibilidad de reemplazarla por otra, los modos de potenciar esta emocionalidad.

Si la emoción es intensa, antes o después del raptus emocional, podemos observar su vibración en el pensamiento y en el estado global, y sus consecuencias en la mente. Cuando la emocionalidad es moderada monitoreamos fácilmente los cambios que se producen y los dirigimos. De la misma manera que el boxeador coordina sus acciones durante la pelea o la persona temerosa actúa con cautela a pesar del miedo, siempre se le da una dirección, más o menos intencional, a las acciones y al curso de los pensamientos; luego estos influyen recursivamente sobre el estado interno y sobre la actitud.

Si observas la emoción cuando está activa, notarás una postura y sensaciones específicas, los gestos de tu cara y la respiración, acompañados por tu entonación y por la velocidad en las palabras, una tensión que se expresa en el torso y en las extremidades. Se trata de una orquesta de signos y gestos sincronizados con cada emoción.

INTENTA ESTO:

Percibe cómo resuenan en tu tono y gestos y cómo las emociones de los otros resuenan en vos. Además, puedes visualizar cómo reaccionan algunas personas influidas por las tonalidades del afecto. Verlas en otros también sirve al aprendizaje, ya que una parte de las conductas se aprenden por modelado, al contrastar nuestras conductas, expresiones y razonamientos con otros. Los vemos reaccionar y dirigirse, y los tomamos involuntaria e inconscientemente como parámetros de las expresiones psicológicas.

Efectivamente las expectativas y los estándares comunes influyen en la expresividad y consistencia interna. Nos toca elegir y crear nuestros procesos en medio de valores y sentidos intersubjetivos.

Activar y fomentar tus emociones positivas

Aceptamos que las emociones se desencadenan frente a estímulos externos e internos y que la respuesta emocional influye en la química del cuerpo, en los estados anímicos y conductas. Actuamos y sentimos impregnados por el tono de la emoción en curso. Nuestros razonamientos e ideas son influidos por la intensidad y por el estilo de afectividad. Las emociones se activan en contextos y situaciones frente a determinados pensamientos y creencias.

Activar las emociones positivas compromete a un paciente a la solución de su cuadro depresivo, ansioso u otro. Lo lleva a contrarrestar los efectos de la tristeza profunda y el desánimo, de la angustia y los miedos excesivos.

Una persona deprimida siente desgano, desesperanza y tristeza. Si la depresión reviste gravedad, abunda en pensamientos derrotistas, autoreproches y rumiaciones negativas sobre la vida. Cuanto peor se siente y se potencian los rasgos pesimistas en el tiempo, más tuerce su mirada al pasado con ideas desalentadoras, menos acciona e intercambia con el entorno.

Lo primero que considera la terapia que muestra evidencia científica es validar y aceptar el desánimo y la tristeza, para luego modificar el cuadro patológico e influir a través de los medios terapéuticos.

La activación conductual es una parte importante del tratamiento de la depresión, pues si la persona persiste en conductas iatrogénicas y se arrincona en los pensamientos negativos, realimenta el estado de base.

Cuando ves una película de terror y provocas intencionalmente miedo, te asustas hasta cubrirte los ojos y sentir que el corazón sobresalta en el pecho y la respiración se corta.

¿Qué pasa cuando la película es un drama triste y desgarrador? Acaso no se estruja el pecho y se anuda la garganta y quedas afectado por la historia. Tu estado varía de acuerdo con los estímulos de tristeza y a los pensamientos activados en el momento.

Si la película es de pura acción y guerra, sientes la injusticia y la rabia. Recreas en la mente los golpes y cañonazos, acompañando cada instante de la acción. Tu cuerpo resuena con el enojo, como si quisiera moverse airado.

Esto ejemplifica cómo los estímulos externos influyen en el ánimo. La resonancia depende, a su vez, del valor que le otorgamos al estímulo. No será lo mismo la discusión con un transeúnte, que la discusión periódica con un compañero de trabajo o con el jefe. La frecuencia de un estímulo y el valor otorgado hacen que las emociones resuenen con más intensidad y permanencia.

Para activar experiencialmente emociones positivas te sugiero estos ejercicios de prueba; junto a ellos, observa la resonancia interna que te provocan. También te propongo que uses tu ingenio para hacer tus propios experimentos y ajustes, para afinar tu observación y captar las sensaciones.

- Busca una actividad que te dé un miedo leve y decide desafiarlo. Puedes empezar por el miedo que te da rendir un examen o hablar con alguien, iniciar una actividad o un viaje, que sabes que no entraña peligros de vida o muerte y el miedo responde más a tus ideas que a la magnitud del evento. Te sugiero que te digas frases motivadoras del estilo: “Sí podré”, “si algo sale mal no será terrible”, “si otros pueden o han podido yo también lo haré”, “confío en mis capacidades de aprender", "difícil no es imposible". Puedes conservar estas frases y repetirlas como un capital mental. No olvides que tu mente aprende por repetición y quienes son valerosos, han aprendido esas mismas interpretaciones, quizás cuando se formaba su conciencia. Cuando se presente una situación donde el temor sea moderado y sientes responder a partir de tus capacidades, haz la prueba de actuar a pesar del temor una y varias veces. El valor repetido desgasta los miedos y se realimenta a sí mismo. El coraje y el ahínco son acostumbrados.

La mente tiende a ser repetitiva. Muchos de nuestros malestares se arraigan y se sostienen en el mal hábito de centrarnos en la memoria y en el pasado o, por el contrario, de enfocar en el futuro y pretender certezas descuidando el presente. La psicología clínica responsabiliza a las expectativas exageradas sobre el futuro de la ansiedad y a las rumiaciones negativas sobre el pasado por alimentar la depresión y el desánimo.

La mente repetitiva —rumiaciones— tiende a cargarse de ideas, quitando frescura y fluidez al aquí y ahora. Se acompaña de tensiones corporales y del estrés, compañero incansable de enfermedades psicosomáticas.

- Te sugiero que realices alguna actividad de meditación o relajación corporal guiada una vez en el día o intercalada en la semana. A través de la respiración y la meditación podrás observar cómo aumenta la serenidad y la calma a través de actividades relajantes. La meditación y la relajación son complementos de la psicoterapia, cuando los pensamientos distorsionados causan el malestar junto al estrés.

Activar y fomentar la capacidad lúdica, la diversión, la alegría y el humorismo contrarrestan las tensiones acumuladas, la desesperanza y el pesimismo que se realimenta de la mente autocentrada, así como las preocupaciones que fomentan la angustia, el enojo y otras emociones negativas.

- Te sugiero que elijas un momento al día o a la semana para hacer una actividad puramente divertida y recreativa, que facilite tu espacio creativo y te conectes con el juego. De ser posible, que compartas esta actividad recreativa y divertida con otros dará un plus de valor a tus hobbies, potenciando la actividad misma.

Hay quienes juegan a la carpintería, y hacen un mueble por sentir el placer de construir y ensamblar maderas con sus manos. Otros combinan las palabras con que se bordea el mundo y lo reflejan en poesías. Mientras que los deportes reglados, la pintura, la música y el arte hacen fluir la creatividad. El espíritu lúdico y creativo es vital.

Quien gusta del paracaidismo, el canotaje, la pesca o aprender un instrumento es importante que respete su tiempo para hacerlos.

El humorismo y la diversión moderan el malestar en sus distintas formas. La alegría viene del interior, de lo profundo.

Activar intencionalmente y sostener el humor, la alegría y la risa, regula los estados disfóricos, la negatividad de la mente y sirve de apoyo frente a las dificultades. Cuando activamos el humor, las actividades que nos arrancan la risa y resuenan positivamente, nos conectamos con valores y con los recursos para estar bien. Pocas veces se sospecha que los jugadores compulsivos quisieran jugar por el solo hecho de jugar, y en esa impulsividad lúdica de sus apuestas se desesperan por confundir el jugar con los premios externos e impresionantes, que vendrían súbitamente.

Activar la curiosidad y el asombro no es tan fácil como se supone. Si le decimos a alguien que la curiosidad es vital, pronto nuestro interlocutor responderá "por supuesto".

Sucede que venimos al mundo como una tabla rasa, como una hoja de papel para ser grabada de experiencias y significados. La mente se forma a partir de intercambios con mensajes recibidos y experiencias vividas. Nacemos con enormes posibilidades de desarrollar habilidades, modos de pensar y de entender el mundo.

Llegamos a tener ideas políticas, religiosas, culturales, visiones personales. Al identificar estas perspectivas con la propia identidad nos aferramos fuertemente a los juicios e ideas.

La curiosidad es como una copa vacía al recibir el líquido. Y somos curiosos cuando miramos con ojos de principiante un evento, deseando saber más.

Curiosear es desear saber más, explorar y comprender más una parte de la realidad. La curiosidad está en la base de la investigación y de toda disciplina o ciencia. La curiosidad es opuesta a los prejuicios y a los dogmas. Estos últimos excluyen la capacidad de preguntarse más y de saber por propio descubrimiento.

La curiosidad también se ejercita cuando miras el rostro de otra persona, conocida o no, y te preguntas por ese ser humano, sin saber. Te das cuenta de que esa persona está compuesta por deseos, expectativas, ideas y valores, pasados múltiples, que tiene sensaciones, enfermedades, gustos, afiliación política, religiosa, procedencia étnica, deseos, etc. En verdad, cada ser humano es único e irrepetible, aunque la mente diga: blanco o negro, judío, ruso, chino, africano, católico, protestante, demócrata, socialista. En terapia cognitiva se llama a esta tendencia cognitiva "rotulación" o "etiquetado": cuando rotulamos una realidad compleja a partir de una palabra.

Toda vez que te animes a ejercitar la curiosidad, partes del no saber que te orienta, del no saber al saber, de la ignorancia a la sabiduría. Es el movimiento inverso al que realizamos tantas veces.

- Te sugiero que elijas un área sobre la que desearías saber más. Puede ser un tema político, de historia, economía, cultura o una disciplina, etc. O el anhelo de saber hacer o incorporar un conocimiento teórico.

Activar la compasión y la ternura no significa que convenga estar en modo compasivo o tierno todo el tiempo. La escasez de una emoción es tan perjudicial como la superabundancia, ya que cuestiona sus funciones saludables.

Un poco de compasión funciona para algunas cosas. Un exceso de la misma es disfuncional y tal vez no sea viable. Cada emoción en su justa medida tiene una función.

- Te sugiero que elijas un momento del día o de la semana y reflexiones sobre alguien de tu entorno que está sufriendo. Puede ser un sufrimiento inevitable o uno que puede transformarse. Observa concentrado y sin juzgar, con la respiración pausada y la postura quieta, que esa persona está sufriendo. Intenta sentir empatía y pregúntate por lo que puede estar pasando. Repite una o más veces: "Ojalá el padecimiento disminuya", "deseo que sea feliz".

  Si está en tu disposición o sientes ánimo de ayudar puedes decirte: "Me gustaría ayudarlo", "en qué puedo ayudar y aumentar su bienestar", "cómo me repercutirá y sentiré si le ayudo".

Pasemos a la ternura. Esta emoción sutil se diferencia de la compasión. Se siente como cariño placentero por la fragilidad de las criaturas pequeñas y predispone al cuidado, a contener y promover la vida. Se expresa en algunos momentos con la pareja, con los padres, y en menor escala con ancianos y cachorros.

- Puedes simplemente enfocar el rostro de un bebé de días o meses y observar mover sus brazos desordenadamente, las manos y los pies pequeños, el pestañeo de los ojos. La actitud de cuidar y proteger tiene un componente instintivo y se acompaña de expresiones suaves que distinguimos fácilmente en las mujeres.
  Enfoca esta observación toda vez que desees interactuar con esos estímulos y situaciones de cuidado; no es necesario exagerar con ella ni que inunde momentos en que se precisa otra tonalidad emocional.

Activar el orgullo también requiere la intención mental y la decisión de practicar e incorporar esa emoción al repertorio de actitudes aprendidas. La vida te da oportunidades de confiar en ti mismo y de responder en base al sentido de dignidad personal: tu valor.

- Te sugiero autotransmitirte mensajes edificantes y vitales. Cuando sientas vergüenza o culpa exageradas, corrígelas diciéndote: “No voy a avergonzarme de más”, “confío en mí y en mis intenciones”, “si actué incorrectamente, qué puedo hacer para reparar el desacierto”, “si no puedo hacer nada para cambiar algo, lo mejor es aceptarlo sin reprochar”.

Cuando alguien te haga demandas excesivas o críticas rebajantes o pretenda aprovecharse y subestimar tu valía di con firmeza y decisión que no aceptas eso y date el derecho a decir "No", practicando al asertividad.

El optimismo se activa desde los pensamientos frente a situaciones negativas. De acuerdo con los aportes de la psicología positiva, las personas optimistas tienen una triple atribución optimista: sobre sí mismos, sobre la realidad y sobre el futuro.

A todas las personas nos ocurren eventos y situaciones desalentadoras y negativas en algún momento de la vida. Cuando suceden desgracias, los pesimistas persisten en decirse que la realidad es nefasta y que nada vale la pena; mientras que los optimistas se dirán con fuerza que lo negativo sucedió en un aspecto de la vida pero hay partes que no están contaminadas por las desgracias y hay que enfocarse en ellas.

Los pesimistas reaccionarán ante la desgracia acusándose de horrorosos e inservibles, de no merecer nada. Y los optimistas no dudarán de su valía, se dirán que son buenos y merecedores, que su intimidad es positiva y son confiables en esencia.

Lo más llamativo en la concepción de unos y de otros es su perspectiva del futuro. Mientras que ante los reveses de la vida los pesimistas bajan los brazos eternizando la derrota y el desaliento, y se dicen que nada bueno vendrá, que lo malo persistirá; los optimistas son esas criaturas que vuelven a ilusionarse con el futuro, y se dicen que lo bueno llegará, que las oportunidades aguardan y requieren la acción junto a la esperanza.

- Intenta enfocarte en una situación en que recibiste un revés y sentiste que ya no avanzarías, que querías bajar los

brazos y entregarte al peso de la derrota o creías que el éxito no llegaría jamás. Sólo tú sabes en qué y cuándo.
Ensaya pensar en esos tres ejes: valía personal, sentido de realidad y perspectivas de futuro.
Si cerraste tu negocio o te echaron del trabajo cuando menos lo deseabas; si estabas profundamente enamorado y tu pareja cortó la relación; si un proyecto anhelado caducó considera el optimismo en estas tres áreas.

1. Piensa que no mereces lo malo, aunque te sientas víctima del suceso doloroso.
2. Trata de pensar que ese suceso desalentador no es tu persona, sino un suceso exterior a ti mismo y a toda tu realidad.
3. Admitiendo las emociones negativas, trata de pensar que el efecto de la desgracia pasará, que lo mejor está por venir y algo bueno va a ocurrir más adelante, aunque no sepas qué.

En todo el repertorio de las emociones, aprovecha la capacidad del ser humano de seguir aprendiendo e incorporar nuevos conocimientos. Cuando éramos niños, resultábamos —quizás— más permeables a la selección de conocimientos y al sentido otorgado a la experiencia. Actualmente no desautorices tu capacidad de seleccionar los aspectos y respuestas emocionales que deseas fortalecer.

Cada vez que veas una película o escuches una canción, cuando converses con tu pareja o con un hijo, cuando intercambies con amigos o compañeros de trabajo, visualizarás la presencia y distinción de las variadas emociones. Aprovecha tu propio entendimiento de ellas y fomenta las experiencias que te permiten desarrollar y cultivar las más interesantes y útiles, para insertarlas en tus repertorios de conducta y enhebrarlas con tus pensamientos.

Comentarios finales

Emociones positivas son más que ausencia de sufrimiento. Son recursos distintos. Cuanto más se potencian y resuenan, más fácilmente se irradian sobre el ánimo y salpican las circunstancias de la persona, enganchando con la vida, con uno y con los demás.

Descuidar las emociones positivas es dejar sin explicación una parte de la psicología y de las fortalezas que llevan a superarse y crecer, a sanar. Ninguna comprensión debería desalentar este grupo de emociones.

Lo que pensamos influye en cómo se actúa, en los caminos a transitar, en las relaciones, en el estado anímico y en la vitalidad. La terapia cognitiva enfatiza la influencia del pensamiento sobre las conductas y las emociones.

A su vez, los resultados de las conductas y repertorios de acciones influyen recursivamente sobre los pensamientos y sobre los afectos. Y todas ellas se producen en contextos precisos.

Para la psicología positiva, los tratamientos *psi* han tenido buenos resultados al responder frente a la enfermedad mental, pero han dejado oculta una cara de las cosas. Seligman sostiene que actualmente los psicólogos pueden evaluar exitosamente la depresión, la esquizofrenia y el alcoholismo, por ejemplo. No sólo se comprenden sus múltiples causas sino que puede aliviárselos, tanto como a otras enfermedades y padecimientos: *"Catorce de las varias decenas de enfermedades mentales más importantes podrían tratarse de forma eficaz —y dos de ellas curarse— con medicación y psicoterapias específicas. (...) Pero este progreso se ha obtenido a un precio elevado. Parece ser que el alivio de los estados que hacen que la vida resulte espantosa ha relegado a un segundo plano el desarrollo de los estados que hacen que merezca la pena vivir. (...) Ha llegado el momento de contar con una ciencia cuyo objetivo sea entender la emoción positiva, aumentar las fortalezas y las virtudes y ofrecer pautas para encontrar lo que Aristóteles denominó 'buena vida'"*[48].

Estas reflexiones y aproximaciones se enmarcan en las perspectivas de la psicología positiva, y en la mirada integrativa. Las fortalezas y las emociones positivas, las relaciones sanas y el sentido de las personas, promueven resiliencia, llevan a fluir y a prosperar hacia mayor salud. Esta mirada funciona como marco más amplio de la psicología.

Las emociones desagradables nos urgen a gestionarlas e impresionan más nuestra inteligencia. Invitan a controlarlas, para que no nos arrolle su exceso y activación. Recordemos el ejemplo de la paleta de los colores: cada una de ellas representa un color, y la naturaleza ha previsto funciones que deben ser destacadas por la psicología, resonando con la realidad del ser humano. Todas las emociones tienen funciones especiales y se orquestan en el juego de lo que llamamos vida.

Las emociones positivas pueden estar obstaculizadas por la combinación de hechos dramáticos y pensamientos disfuncionales, por sesgos cognitivos e interacciones de la persona. La afectividad placentera se disminuye cuando se la desestima. Dar un paso más es ponerlas del lado de los recursos para crecer, perseverar y sanar.

---

48. Seligman, Martin, *La auténtica felicidad*, Ediciones B, Barcelona, 2006, pág. 11.

Para algunos pensadores, lo que caracteriza la existencia es el sufrimiento y la negatividad, la angustia. Para ellos se excluye la atención de las fortalezas, los recursos, las emociones positivas, el fluir, la construcción de relaciones sanas, la búsqueda de metas y propósitos.

Pensamientos, sentimientos y actos son elementos de una danza permanente. Las emociones placenteras promueven salud y atenúan sentimientos negativos, acciones irracionales e impulsivas, pensamientos perturbadores.

Resaltar las emociones positivas intenta superar su omisión, movidos por la urgencia de dominar las emociones negativas.

Deseo que cuando el lector se encuentre con estas emociones las observe con plena conciencia, las saboree. Que explore su resonancia y las practique.

Visibilizar sus detalles sirve para entenderlas, para explorar su resonancia y no confundirlas con otros estados de la mente y del ánimo.

Queda a tu ingenio, querido lector y lectora, aprender más sobre ellas, compartirlas con seres queridos y con uno mismo. Por qué no ponerlas bajo la lupa o proponerlas cuando se está con un paciente, junto al resto de los estados y motivos de la persona.

Lo que sabemos de la realidad es el conjunto de interpretaciones y versiones que nos hacemos. Esa prioridad de lo real nos fuerza la curiosidad y el entendimiento, a refutar y corroborar los supuestos y los mapas mentales, a ponerlos a prueba, a recalcular los aciertos. Como dije al principio: *"Nuestras verdades se actualizan y cambian. Se transforman..."*.

No olvidemos estos componentes que impregnan la razón y se vinculan con la salud mental, cuando el derrotismo ocupe el lugar del entusiasmo y la esperanza, cuando la curiosidad se chamusque y el asombro palidezca, cuando la atención se atraiga como de su fuente con lo negativo y el humor y la comedia sean obviados por la ciencia, cuando la compasión amorosa sea caso omiso para la psicología y el Eros sea negado o sobrevalorado dentro de las parejas. Por mi parte elijo pensar que estas emociones existen. En esa inspiración entrego al lector estas páginas.

Esperamos que este libro
haya sido de su agrado.
Para información o comentarios,
contáctenos en la dirección
que aparece debajo.

Muchas gracias.

www.hojasdelsur.com

www.ingramcontent.com/pod-product-compliance
Lightning Source LLC
LaVergne TN
LVHW012102160826
845678LV00014B/2904

* 9 7 8 9 8 7 1 8 8 2 9 2 2 *